全彩版

少年爱读的中国史

宋元明清卷

何殇 著

两宋

河北出版传媒集团
河北人民出版社
石家庄

图书在版编目（CIP）数据

少年爱读的中国史．宋元明清卷．1，两宋 / 何殇著
． -- 石家庄：河北人民出版社，2023.8
ISBN 978-7-202-16447-1

Ⅰ．①少… Ⅱ．①何… Ⅲ．①中国历史—宋代—少年读物 Ⅳ．①K209

中国国家版本馆CIP数据核字（2023）第147353号

书　　名	**少年爱读的中国史·宋元明清卷（全四册）** SHAONIAN AIDU DE ZHONGGUOSHI SONG YUAN MING QING
著　　者	**何　殇**
责任编辑	王云弟　张紫薇
美术编辑	于艳红
装帧设计	陈旭麟@AllenChan_cxl
责任校对	付敬华
出版发行	河北出版传媒集团　河北人民出版社 （石家庄市友谊北大街330号）
印　　刷	河北鹏润印刷有限公司
开　　本	710毫米×1000毫米　1/16
印　　张	27.5
字　　数	249 500
版　　次	2023年8月第1版　2023年8月第1次印刷
书　　号	ISBN 978-7-202-16447-1
定　　价	79.00元（全四册）

版权所有　翻印必究

目录

1 陈桥兵变	002
2 杯酒释兵权	007
3 赵光义即位之谜	011
4 统一全国之路	016
5 杨家将	021
6 澶渊之盟	025
7 李元昊与西夏	030
8 包青天的故事	035
9 王安石变法	040
10 苏轼与新旧党争	044
11 名画背后的危机	049

12 宋江、方腊起义	054
13 女真的崛起	059
14 靖康之耻	064
15 精忠报国	069
16 抗金名将辛弃疾	074
17 打虎诗人陆游	078
18 朱熹的读书法	083
19 奸相的温床	088
20 蒙古灭金	093
21 襄阳之战	098
22 抗元忠烈文天祥	103

宋朝（公元960—1279年），上承五代十国，下启元朝，共存续319年。又可分为北宋与南宋，合称为两宋。公元960年，宋太祖赵匡胤发动陈桥兵变，宋朝建立，国都为汴京（又称东京，在今河南省开封市）。北宋末年发生了靖康之难，宋室南迁到临安（在今浙江省杭州市），后来与金议和，以秦岭淮河为界，史称"南宋"。公元1279年，崖山海战宋军全军覆灭，南宋正式灭亡。

宋朝是中国古代历史上文艺复兴和经济革命时期，科学技术也有所发展。唐宋八大家六位出自宋朝，儒学复兴，社会上弥漫着尊师重教的风气。在政治上相对开明，文人地位得到提升。宋朝重文轻武，文教昌盛，是"皇帝与士大夫共治天下"的时代。

 # 陈桥兵变

有人做梦当皇帝，而有人一觉醒来就已黄袍加身，拥有号令天下的权力，真的有这样的事吗？有的，宋朝的开国皇帝赵匡胤就有这样传奇的经历。

赵匡胤的前任领导是一个名叫柴宗训的小男孩，他就是后周的最后一个皇帝——周恭帝。周恭帝七岁的时候，他的父亲周世宗柴荣因病去世，柴宗训懵懵懂懂地被推到了皇帝的位置上，面对黑压压一片的满朝文武和未知的未来。

而这一连串奇妙的变故都要从一则入侵的消息开始。周恭帝在位的第二年，公元960年正月初一，忽然传来辽国联合北汉大举入侵的消息。此时，实际主持朝政的是临朝听政的符太后，她一听这个消息瞬间没了主意，慌忙询问宰相范质该怎么办。范质思索片刻，又看了看在朝的武官，认为他们之中只有赵匡胤能带兵抗击敌军，于是便建议赵匡胤带兵出战。可赵匡胤没有接受，他说自己兵少将寡，不足以对抗敌军。周恭帝不得已，只得授予赵匡胤调动全国兵马的最高军权，迎击敌军。

万事俱备，赵匡胤领着大军浩浩荡荡地出发了，走了二十里，来到开封附近一个叫作陈桥驿的地方，停下来过夜。赵匡胤因为饮酒过量早早坠入梦乡，而这一夜里发生的各种部署，似乎都与睡梦中的他无关。

在赵匡胤沉睡之际，他的亲信召集部下，开始了一段激情澎湃的演讲。中心思想就是当今皇帝年幼无知，无法自己处理国家事务，我们在外浴血奋战，为国家效力，这些付出谁能够看在眼里，

替我们着想，又怎么是论功行赏呢？倒不如拥戴与我们一起出生入死的赵匡胤为皇帝，再进行北征。

由于此前就有"将以出军之日，策点检为天子"的传闻（点检是当时赵匡胤的官职名称），将士们的情绪很快就被煽动起来。这时，赵匡胤的弟弟赵匡义和亲信赵普见时机成熟，径直闯入营帐，将赵匡胤叫醒，像变戏法似的拿出一件黄袍，授意将士将黄袍披在刚刚醒来的赵匡胤身上，奇妙的是，黄袍像是量身定做的一样合身。

赵匡胤还不知道发生了什么，披着衣服走出营帐，只看到军士们对着黄袍加身的他行跪拜礼。赵匡胤连连摆手，可将士们高呼他的名字，拥立他为皇帝。

赵匡胤一副看起来勉勉强强的样子，说："你们贪图富贵，立我为天子，如果能完全听从我的指令还可以商量，如果做不到的话，我恕难从命。"军士们随即发誓效忠于他，这时的赵匡胤似乎才刚刚清醒，眼中发出神采奕奕的光芒。他下令不得侵扰后周皇帝、太后及群臣，也不得擅自掳掠及搜刮府库，违者严惩。

群龙有首，军队可以继续出发了，然而赵匡胤并没有朝着北方劲敌入侵的方向前进，而是掉头回了首都开封。

开封守城的主将石守信，本来就是赵匡胤的结拜兄弟，他似乎对这一行人打道回府这件事早有预料，打开城门迎接大军入城。后来石守信被赵匡胤封为开国第一功臣，就是对他此番作为的褒奖。

都城内外的百姓早已见惯了朝代走马灯般的更换，对这一变故并没有表现出多大的惊讶。令他们真正惊讶的是，赵匡胤的将士纪律严明，入城前后，并没有烧杀抢掠，对待百姓都客客气气的，这令他们松了一口气，对意料之外的安宁感到满意。

小皇帝和太后见赵匡胤黄袍加身归来，无力做出反抗。朝廷中多数将领都是赵匡胤的亲信，也都自然而然地归顺了。

只有宰相范质仍在犹豫，赵匡胤想要争取他的支持。为表诚意，赵匡胤脱下黄袍，坐下来与范质诉说自己的无奈、身不由己和众望所归的遭遇。范质思索良久，最终同意举行禅位仪式，让小皇帝将皇位让出来。而赵匡胤也得遵守承诺，对退位皇室进行优待和照顾。

赵匡胤之前做过宋州的节度使，称帝后，便以宋州的"宋"字为国号，建立了宋朝，史称宋太祖。公元960年，存续三百一十九年的宋朝由此拉开大幕。

蜀素帖（局部） 米芾作
现藏台北故宫博物院

🫗 历史加油站

世界上最早的纸币

北宋经济发达，宋太祖下令回收四川的黄金、白银和铜钱，铸造铁钱代用。于是铁钱成为四川的主要货币。虽然铁比铜廉价，但要比铜更重，导致商人经常要用马车载运铁钱，使用上十分不便。于是，商人发明了一种纸币，命名为交子，代替金属货币流通，这也就成为世界上最早的纸币。

杯酒释兵权

随着夜幕降临，白天繁华的开封城也沉寂下来，只有打更的声音从街巷中传来，清脆而悠长。然而，皇宫大殿上却热闹非凡，烛台上数百根蜡烛燃烧着，将大殿照得通明。一队舞女正摇曳着彩袖，在乐师的伴奏下翩翩起舞。

宴席两边，坐着石守信等一干禁军高级将领，众人正沉浸在美妙的乐曲与舞姿中。这可是宋太祖赵匡胤款待众将的宴席，推杯换盏，哪个参与者能不感到荣幸与自豪呢？

赵匡胤坐在龙椅上，端起酒杯一饮而尽，然后向众人展示空空如也的酒杯，满带笑意地劝将军们再喝一杯。底下将军们连声叫好，却没有人留意到他放下酒杯时微微皱起的眉头。

差不多到时候了，赵匡胤挥挥手，舞女和乐师缓缓退去。底下的将军们鸦雀无声，大殿忽然显得空旷和冷清，他们交换了一下眼神，不约而同往龙椅上看去。

赵匡胤扶着龙椅，站起身来，深深地叹了一口气说："如果不是凭借你们的力量，我也坐不到如今的位子上来。可是这当皇帝并没有那么容易,要我说啊,还不如之前当节度使快活呢。"他顿了顿,又叹息道,"自从坐上皇位后,我每晚都睡不安稳啊!"

将军们连忙问道:"陛下为什么这么说呢?"

赵匡胤看了看众将领,停顿了几秒,缓缓地说:"我睡不安稳的原因也不难想到,我身后的这个龙椅有谁不想坐呢?"说完,他背对着众人,又长长地叹了口气。

自五代以来,王朝变换频繁,大多是武将篡位。听皇上这么说,所有人都吓出了一身冷汗,连忙一齐跪倒在台阶下,高呼:"陛下何出此言!您登上皇帝之位是天命所归,现在天下平定,谁敢有不轨之心呢?"

赵匡胤回过身,缓缓地坐下,看着下跪的将领们,一字一顿地说:"不一定啊!你们肯定没有异心,可是如果你们的部下贪图富贵,把黄袍披在你们身上,到那时不想当皇帝也身不由己啊!"说到最后的时候,他的声音轻得快听不到了。

可是将领们却如同听到雷霆之怒,顿时号啕大哭起来,拼命地磕头向皇帝表明自己忠心耿耿,请求皇帝给指一条生路。

赵匡胤静静地看着将军们,一言不发,等他们慌乱痛哭的声音渐渐小下来,这才走下台阶,来到他们身边。将军们一齐抬头仰望着皇帝,大殿里安静极了,只有烛花"噼啪"的响声。

赵匡胤说:"人生太短暂了,如白驹过隙一般,人们当官也罢，经商也罢，无非是希望多聚金钱，及时行乐，希望自己的子孙不再穷困罢了。"

他走了几步，看着众人急切的眼神，又继续说道："你们不如放弃兵权，离开京城，回到老家去。我赐给你们钱财，让你们多置办田地宅院，留给子孙，同时多买些歌姬，每天喝酒宴饮，平安富贵地过完这一生。我再和你们结成儿女亲家，这样我们君臣之间再没有猜疑，上下相安，怎么样？"

石守信等人连忙叩头说:"陛下替我们考虑得如此周到,简直如我们的再生父母一般啊!我们一定听从您的安排。"说完一起行大礼,退了出去。

第二天,将领们纷纷上奏章称病,请求解除自己的兵权。赵匡胤高兴地答应了,赐给他们许多财物,让他们回乡养老。

历史上王朝开国时,往往有武将功高震主,皇帝便会找理由将他们杀掉。赵匡胤用杯酒释兵权的方式巧妙地解除将领们的军权,既避免了像之前的王朝一样屠戮功臣,也避免了五代以来武将篡权的隐患,一直被后世称道。

历史加油站

《梦溪笔谈》

《梦溪笔谈》为北宋沈括所作,是一部涉及古代中国自然科学、工艺技术及社会历史现象的综合性笔记体著作。该书被誉为"中国科学史上的里程碑"。它所涵盖的题材广泛,涉及天文、数学、物理、地理、医药和乐律等范畴。书中的自然科学部分,总结了中国古代、特别是北宋时期的科学成就。现在所能见到的最早版本是1305年东山书院的刻本,现收藏于中国国家图书馆。

# 赵光义即位之谜

公元976年,宋朝五路大军齐发,征讨盘踞在山西太原一带的北汉政权,这是五代十国中仅存的一个小国。大军势如破竹,很快就打到太原城下。但将领们并不敢松懈,因为谁都明白,北汉只是弹丸之地,之所以能够存活到最后,就是因为有北方的辽国撑腰。果然,辽军来援,真正的决战一触即发。

然而正在这时,从国都开封传来了一个令所有人都震惊不已的消息:当今皇帝,宋朝的开国之君赵匡胤驾崩了!紧接着就传来了晋王赵光义即位的消息。赵光义是皇帝的亲弟弟,本名赵匡义,兄长登基后为了避讳,才改名赵光义。

大军出征之时,皇上还身体安泰,怎么忽然就驾崩了?而且即位的为什么不是皇子,而是晋王呢?

话说首都开封的一个夜晚,天空飘着纷纷扬扬的大雪。赵匡胤召见弟弟赵光义入皇宫议事。两人屏退左右,在房中密谈。北风呼啸,吹动烛光摇曳,忽明忽暗。其他人都站得远远的,只能看到纸窗上映出两人的影子。

有人看到赵光义的影子离开座位，连连后退。赵匡胤则手持把玩的玉斧不断上前。接着，就听见玉斧杵在地上的声音，又听到像是赵匡胤大声说："做得好，做得好。"随后，声音便沉寂了下去。当晚，宋太祖赵匡胤在宫中驾崩。

关于当晚发生的事情，众说纷纭。

一种说法是，赵光义当晚回到了自己的府邸，赵匡胤驾崩以后，皇后急忙命人召皇四子赵德芳进宫。负责传旨的太监王继恩恭恭敬敬地答应了皇后的命令，在雪夜中昂首大步迈出宫门，却没有去赵德芳的府邸，而是直接去了赵光义的晋王府。

皇后守着赵匡胤的尸体，心中又忐忑又焦急，忽然瞧见远处人影走来，心中万分欣喜。等那人走近，她立刻目瞪口呆，来的人不是赵德芳而是晋王赵光义！赵光义进来后也并不做什么，只是面无表情地注视着皇后。皇后自然明白发生了什么，于是她恭恭敬敬地对赵光义说："我们母子的性命，就托付给陛下您了。"

赵光义听到她认可了自己皇帝的身份，脸上的表情立刻缓和了，对皇后说："我们都是至亲骨肉，以后自然同享富贵，您不必担忧。"

另一种说法是当晚兄弟密谈之后，赵光义就留宿在皇宫之中。赵匡胤驾崩之后，赵光义顺理成章地在灵前即位了。

关于赵光义即位的合法性，就必须提到"金匮之盟"的

故事。

事情要从十五年前说起,当时赵匡胤的母亲杜太后病重,她心里明白这次是沉疴(kē)难起了。于是,杜太后将赵匡胤叫到床头,含泪对他说:"我现在快要死了,可是还有一件事放心不下。"

赵匡胤说:"母亲还有什么事,您尽管交代。"

杜太后说:"你知道你为何能取得天下吗?"

赵匡胤说:"都是祖上和太后积德所致。"

杜太后说:"不对,是因为柴家让孩童来做皇帝,人心不服才给了你机会。倘若后周有位年长的君主,你还能得到江山吗?我快要死了。你听着,你死之后,要将皇位传给你弟弟赵光义,光义再传给光美(本名匡美,为避宋太祖之名而改'光美'),光美死后再传给你儿子德昭。这样就能避免皇帝年幼,权臣篡位的局面,赵氏子孙便可世代为帝了。"

赵匡胤看着病重的母亲,含泪答应了下来。太后立刻让人写好盟约,再将盟约用金匣子装起来,这就是"金匮之盟"的来源。这件事过后不久,太后就去世了。

后来,赵光义当了皇帝,他也按照"金匮之盟"封弟弟赵光美为晋王和开封府尹。依照自己曾经担任过的官职安排,也就是默认赵光美为皇位继承人了。

赵匡胤好端端地为什么突然就死了呢?密谈中兄弟二人到

底聊了些什么？赵匡胤死前究竟想传位给谁？甚至连最初传位于弟弟的盟约，也是赵光义即位之后才被世人知道的，真的有这回事吗？这一切只有待后人考证了。

至于统兵征伐北汉的将士们，自然要赶紧撤军，参拜新皇。统一全国的目标，只能留在以后再说了。

汝窑青瓷无纹水仙盆
现藏台北故宫博物院

历史加油站

《资治通鉴》

《资治通鉴》是北宋司马光主编的长篇编年体史书。司马光和他的助手根据大量史料,花了十九年时间,把从战国到五代这段错综复杂的历史写成巨著,涵盖十六朝共一千三百六十二年的历史。

书名为宋神宗所定,取意"鉴于往事,有资于治道"。"资治"的意思是"帮助""治理","通"的意思是博通古今的"通史","鉴"则有"借镜"之意,以史为镜。宋神宗还亲自作了一篇序,赐给了司马光。

 # 统一全国之路

宋朝建立之初，面对五代十国遗留下来的割据势力，采取先易后难、先南方后北方的作战总方针，逐一吞灭。

宋太祖赵匡胤坐在皇帝的宝座上，朝南望去，宋朝的南边是南平，南平的南边是武平。

武平是南楚（马楚）政权覆灭以后，在湖南地区的藩镇名称。南平又被称为荆南，国土面积非常小。赵匡胤对于两地早有吞并之心，却没有找到出兵的借口。如果贸然发兵，有损新建不久的赵宋政权形象。

公元962年，机会主动送上门了，武平节度使周行逢病死了，十一岁的周保权接替父位，衡州刺史张文表乘机发动兵变。周保权为讨伐张文表，向宋朝求援。

接到武平求援的消息，赵匡胤很是开心，他给南平国主高继冲写了一封信，表达了要借道南平驰援武平的意愿。

高继冲看完信后，十分忐忑，询问大臣们该怎么办。

有大臣回答："武平的确在内乱，宋朝要想出兵，就必须

从咱们南平路过，如果不让他们借道，惹怒了宋朝，麻烦就大了。"

另有大臣回答："陛下听过'假途灭虢'的故事吗？春秋战国时期，晋国向虞国借路去灭虢，晋灭虢后，在归途中又灭了虞国。借道只不过是个借口，宋朝野心很大，出兵途经我国，必然会对我们不利。"

"那你有什么本事防范吗？"另一个支持借道的官员问道。

……

朝堂之上，两派吵成一团。高继冲长叹一口气，他心里明白，大臣们说的都有道理。但是，宋朝的军事力量实在是强大，借与不借，根本由不得自己选择。

高继冲虽然不情愿，但最终还是同意了赵匡胤借道南平。高继冲心存侥幸，以为南平多年孝敬不断，宋朝应该没有攻打自己的理由。他竟然天真地未做任何准备就敞开大门，放宋军入境了。

几日后，高继冲还在睡梦中，数千骑兵突然降临，袭击了南平的都城江陵城。高继冲自知没有实力与宋军对抗，只得出城投降。南平还来不及抵抗，就这样被灭亡了。

此时，武平节度使周保权面临一个尴尬的局面，本来是想请宋朝出兵来帮忙平定内部的叛乱，可是谁能想到，宋军还没来，张文表之乱就已经平息了。而宋军打下了南平后，依然挥师南下。消息传到武平，周保权明白，宋朝拿下武平的意图已经昭然若揭了。

更尴尬的是，武平内部刚刚经历了动乱，需要时间休养，这并不是继续开战的好时候。但是，宋军显然没打算给周保权留下任何喘息的机会。宋军在江陵一带征调兵力，准备攻打武平，周保权只得应战。最终，武平军大败，而周保权就算想割地求和也不可能了。

南平、武平就此并入了宋朝的版图。之后，宋朝又相继灭掉了后蜀、南汉与南唐。

开宝九年（公元976年）十月，赵光义登位，是为宋太宗。他即位后，继续推进其兄未完成的统一事业，先后让吴越与福建、漳泉等地的地方势力纷纷"纳土"于宋朝。公元979年，宋太宗赵光义亲率大军进攻太原，灭掉了北汉，结束了五代十国的分裂割据局面。

虽然在中国的历史上，北宋一直以经济、文学的兴盛而著称，但是在其立国初期，武力也是不容小觑的。北宋继承了后周的强大实力，消灭了中原大大小小的割据政权，实现了南北方主要地区的统一，为之后的经济发展建立了良好的基础。

北宋初年，各个政权的降王也一度在北宋都城开封齐聚，被称为"宋初降王满京城"，这也是北宋文治武功的生动写照。

夏山图（局部）屈鼎绘
现藏美国大都会艺术博物馆

🍶 历史加油站

"歌坛一哥"柳永

宋词因为其特有的长短句结构，有一种独特的韵律之美，在两宋时期，宋词也确实是配乐演唱的。在当时，宋词是社会上流行的娱乐方式。不过，那时最优秀的词人不愿意屈尊纡贵为歌女们作词，因此经常出现千金难买一词的现象。而北宋著名词人柳永却是个异类，他精通音律，个性浪漫，为歌女们创作了很多新词。这让他成为当时歌坛的一大红人，歌女们纷纷请他作词。据说在柳永去世的时候，开封城中不少歌女纷纷为其送行，祭奠这位词人。

杨家将

公元999年的一个冬夜，位于今天河北省徐水地区西面的遂城城墙上，一位宋朝守城士兵在寒风中被冻醒，他被冻得牙齿咯咯作响。气温骤降，突如其来的寒流让他感到一丝不安。同样，遂城守城主将杨延昭此时也正忧心忡忡。

几天前，辽军做了充足的准备围城，辽国萧太后亲自督战，拿下遂城的决心十分坚定。遂城城小，没有充足的战备器械，辽军的攻势却一天比一天猛烈，即便手下的将士们都英勇善战，杨延昭也有丰富的作战经验，但还是逐渐落入下风，城池危在旦夕。

冷冽的寒风使杨延昭打了一个激灵，他突然来了防御的灵感，胸中瞬间燃起了一团希望的火焰。他马上传唤来几个将士，讨论此举的可行性。很快，守城将士都投入到一场热火朝天的工程当中。城外驻扎的辽军对此还一无所知，一心等着天亮后将遂城一举攻破。

第二天一早，辽军的美梦破灭了，出现在他们眼前的遂城一夜之间面目一新，如同一座水晶宫，闪耀着寒光。

原来昨天夜里，杨延昭带领遂城军民，连夜从各家井里、河里、水渠里，把能担的水全都担来，一桶接一桶地往遂城外墙上浇。天气严寒，滴水成冰，这些水结成了一层光滑的冰墙，遂城便成了一座结结实实的冰城。这看似玻璃般的一层冰，实际上比铁还硬、比钢还强，遂城的抗击打能力直接翻倍。

辽军大为震撼，但不甘心就此放弃，密如飞蝗的利箭仍然射向城墙，可就像隔靴搔痒一样，起不到任何作用。紧接着，辽军轮番施展的攻城战术也都一一失败，云梯根本无法在滑溜溜的城墙上找到稳固的支点，试图强行登城的辽兵随云梯一道滑脱摔落，惨叫声不绝于耳，就连投石机抛出的石头也无济于事。在长时间的进攻无果后，辽军不得不放弃这块即将到嘴的肥肉，败兴而退。

遂城刚脱险，杨延昭立刻联系附近城池的宋军，请他们发兵，对北撤的辽军前后夹击。辽军被打得丢盔弃甲，大败而逃，此战使杨延昭一举成名。

遂城守城之战中，杨延昭时常回想起十九年前的三月，他的父亲杨业在雁门关守卫战中与辽军的交锋。

当时，双方也是力量悬殊，辽兵十万大军如潮水般向雁门关涌来。与遂城之战不同的是，杨业提前做了部署，一方面安排副将在城内指挥将士，采用常规手段守城，吸引辽军攻城的注意力；另一方面，杨业带领一支宋军骑兵从小路悄悄摸到了他们身后的雁门关北口。

杨业环视一周，见众人都已经准备就绪，一声令下，宋军骑兵策马狂奔，直冲辽军后方杀去。一时间，沙尘滚滚。辽军万万没想到会有宋军从背后突袭，后面的士兵闻声转头，骇然发现身后有一支宋军骑兵嘶吼着奔来。这支队伍卷起了漫天黄沙，辽军将士都以为来了千军万马，顿时阵脚大乱，四处逃窜。

雁门关内的宋军也发起了反攻，与杨业的那支骑兵南北夹击辽军。泱泱十万辽兵被区区几千宋兵杀了个人仰马翻，溃不成军。杨业带人乘胜追击，最终大获全胜。这一战，宋军不仅

杀掉了辽国的驸马,还生擒了辽军主帅,缴获了数不清的战马、旌旗、甲胄和兵器。

杨家后继有人,杨延昭的儿子杨文广后来也成了抗辽名将,后世将杨家三代抗辽的事迹演绎为"杨家将"的故事,世世代代被人称颂流传。

历史加油站

书中自有黄金屋,书中自有颜如玉

谚语"书中自有黄金屋,书中自有颜如玉"出自北宋第三位皇帝赵恒的《励学篇》。这句话是中国古代著名的劝学格言,从追逐名利的角度出发阐述了读书的重要性。读书考取功名是当时人的一条绝佳出路,考取功名后,就能得到财富和美女。宋朝重文轻武,由此可见一斑。

澶渊之盟

公元 1004 年秋天，开封城外一片宁静祥和。守门的士兵懒洋洋地望着不远处的农田，老百姓们正忙着秋收。路边三三两两的商贩，叫卖着时令的瓜果。忽然一匹快马疾驰而来，扬起的黄尘全都落在刚洗好的瓜果上。商贩正要发火，却看见骑马的是一个铠甲上沾满血迹的士兵。他心里一惊，莫非又发生了什么战事？

自从北伐辽国失败以来，大宋和辽国就连年征战，大多时候都是辽国掳掠大宋边境，一抢就跑，令大宋军队无可奈何。看着这传讯的士兵，商贩心想，边境的百姓可又要遭殃了。

传令兵一路快马奔驰到皇宫门口，大喊一声："紧急战报，辽帝和萧太后率军入侵，已经攻破定州，直逼开封而来！"说完便栽下马来不省人事了。

大臣们乱作一团，朝堂上吵得如集市一般。大臣们都急着跟身边的人讨论战况和对策，仿佛多说一句话，自己内心的慌乱就能减少一分。宋真宗赵恒坐在龙椅上，看着众人，脸色越来越沉。

"众位爱卿！"皇帝高喝一声，底下立刻安静。宋真宗继续说道："诸位平日里都自称有定国安邦之策，经天纬地之才。现在国家危在旦夕，谁可有良策？"

诸位大臣面面相觑，无一人出声。

宋真宗愈加焦急，又问道："众爱卿可有良策救救社稷，救救大宋？"见又无人回应，宋真宗叹气不止。

这时，大臣王钦若启奏说："陛下，为今之计只有南迁了。臣以为若要迁都，昇州（在今江苏省南京市）当是首选。"

"不可！"另一位大臣陈尧叟说，"迁都昇州仍然不保险，如果辽军顺江南而下，昇州也就危在旦夕了。王钦若此计是陷陛下于水火。臣以为最好是迁都到益州（在今四川省成都市），纵然辽人占据全国，有蜀道天险阻隔，陛下也可以安枕无忧。"

王钦若辩驳道："益州就安全了？你忘了孟昶了吗？"

话音未了，陈尧叟立刻说道："迁都昇州，忘了李煜了？"

两人便又争吵了起来。

宋真宗越听越烦闷，大吼一声："够了！"一眼望去，看见宰相寇准站在队列中，神色平静，一言不发。便问道："寇爱卿，你以为该迁都何处？"

"臣以为……"寇准说到一半停了下来，等所有人的目光全部集中到他身上之后，才缓缓地继续，"陛下应该御驾亲征。"

所有人都惊住了!

寇准接着说:"辽人骑兵虽然厉害,但是攻打城池却并非他们所长。况且辽军长驱直入,粮草供给想来不容易。陛下如果御驾亲征,将士们必定誓死作战,定能将辽人击退。我大宋兵强马壮、物阜民丰,陛下又何必选择迁都的下下策呢?"

宋真宗踌躇了许久,大殿里悄然无声。寇准又退回班列,依然神色平静。终于,宋真宗昂首说道:"传朕旨意,朕将亲率大军和辽人决一死战。"

消息传到前线的澶(chán)州(在今河南省濮阳市西南)城里,将士们士气大增,更坚定了抵御辽人的决心。辽军主将萧挞凛绕城巡视时,宋军军吏张瓌(guī)启动床子弩击中其额头,导致萧挞凛当场死亡。萧太后听说了萧挞凛的死讯,痛哭不已。

不久,宋真宗到达澶州城,将士和百姓们欢欣鼓舞,高呼万岁,呐喊声震天动地,连城外的辽军大营都听得见。宋真宗站在城头,望着城内欢呼的百姓,热血沸腾,当即传令,驻守澶州,调集军队,定要击败敌军。一时间,聚集在澶州抵御辽军的军民多达几十万人。

两军僵持日久,辽军的补给渐渐难以维持,于是向宋朝提出议和。寇准等人向皇帝建议,辽军已是强弩之末,溃败指日可待,不必议和。可是宋真宗看到对峙旷日持久,依然难以击退敌军，心里很是犹豫。一帮随军的大臣畏惧辽人，都纷纷劝皇帝答应，最终，宋真宗同意议和。

辽国要求宋朝割地赔钱，宋真宗并不愿割地，他对前去议和的大臣曹利用说："你去议和，只要不割地，赔钱百万也无所谓。"寇准在一旁默默听着，等到曹利用走出大殿，他赶忙追上曹利用，说："皇上虽然答应赔钱百万，但是最终赔款只要超过三十万，我就想办法砍掉你的脑袋。"曹利用听了，倒吸一口凉气，喏喏点头。

辽国急于议和，最终于公元1005年，宋辽签订和约：宋与辽约为兄弟之国，宋为兄，宋尊萧太后为叔母，后世仍以世侄论，且使者会定期互访；划分边界，开通互市贸易；宋每年给辽岁币银十万两、绢二十万匹。因澶州又名澶渊郡，史称"澶渊之盟"。

曹利用完成了任务，得意地回去向皇帝复命。宋真宗一听，只需要赔钱三十万，连口称赞曹利用："你真是办事得力啊！"

此后，宋辽两国百年间不再有大规模的战事，礼尚往来，互派使者，交往频繁。

历史加油站

什么是岁币

岁币，指朝廷每年向外族输纳的钱物，也指地方每年向国家缴纳的钱物。两宋历史上常被诟病的一个国策，就是"送岁币换和平"。早年宋朝与辽国激战，最终签了《澶渊之盟》，要交的岁币为每年绢二十万匹、银十万两。后来宋又与西夏交战，打到最后，却是送岁币换西夏称臣。这次宋每年送给西夏岁币绢十五匹、白银七万两以及茶叶三万斤。再后来宋被金夺取了半壁江山，绍兴和议时，明明在战场上占了上风，结果也是又送岁币又称臣，每年送岁币绢二十五万匹、白银二十五万两。虽然宋朝的经济实力有目共睹，但是宋朝廷始终选择的都是"花钱不打仗"的策略，也因此被称为"弱宋"。

李元昊与西夏

公元1032年,党项族首领李德明去世,他的儿子李元昊继承父位。这时的李元昊琢磨起了"我是谁"这样的终极问题。

他在这一年的年末对自己的姓名产生了意见,唐朝和宋朝都赐给他和族人本朝国姓"李"与"赵",一般人面对这样的荣耀高兴还来不及,可李元昊不是一般人。他废弃了赏赐的李姓、赵姓,改姓"嵬名"(wéi míng),改名"曩霄"(nǎng xiāo)。有意思的是,后世历史学家嫌他这个名字拗口,依然叫他李元昊。这不重要,重要的是他通过改名换姓体现出的觉醒和决心。

李元昊自幼习武,体格健壮,难能可贵的是,他还聪慧过人,经常有独到的见解。在他幼年时期,做出了一件让他的父亲李德明刮目相看的事情。有一次,李德明派遣使臣到宋朝用马匹换取物品,因得到的东西不合他的心意,盛怒之下就把使臣斩首了。

李元昊对父亲的这种举动十分不满,劝谏父亲说:"我们党项族狩猎打仗，都是在马背上安身立命。用与我们生存发展息息相关的东西，换一些华而不实的汉人玩物，本来就是不高明的。再为了这种不明智的事情，随随便便处死使者，这不是让为我们效力的人寒心吗？这样下去，今后还会有谁愿意为我们效力呢？"一席话说得李德明心服口服。

公元1038年，李元昊自立为帝，建立西夏，定都兴庆府（在今宁夏回族自治区银川市）。西夏的国土面积只有大宋的四分之一，却一度对宋朝造成巨大威胁，并且与宋、辽形成了三足鼎立的局面。

西夏建国后，不断向宋朝发动战争，李元昊在战争中能够审时度势，随机应变，是一位很有谋略的军事指挥家。在一次战役中，李元昊接连两次攻城拔寨没能成功，他将目光投向了今天延安的地界，当时叫作延州。他派人向延州知州范雍传话，假称求和，以麻痹宋军。范雍竟然信以为真，丝毫不加防备。

李元昊乘宋军不备突然大举进攻，宋军在与西夏的战斗中，首次出现重大失利，伤亡惨重。同时，西夏军也损伤惨重，最后退兵，延州城这才得以保住。这场战役，史称"延州之战"，此战之后，宋军士气大跌，北宋边境岌岌可危。

康定元年（公元1040年）八月，北宋朝廷紧急调整战略部署，改任范仲淹为延州知州。范仲淹到任后对地方军制进行改革，使延州的防御作战能力大幅提升，李元昊这才作罢。李元昊决定不再以延州为攻击目标，并且对范仲淹做出了高度评价——"范仲淹胸中有甲兵数万"，对他既忌惮又尊敬。

西夏军队凭借将士的骁勇善战和李元昊的指挥得当，接连在延州之战、好水川之战、定川寨之战中重创宋朝军队。当定川寨之战胜利的消息传来，李元昊志得意满，非常嚣张地说："有朝一日，朕一定要亲临渭水，入主长安。"当宋军惨败的消息传到开封时，宰相吕夷简连连惊呼："一战不及一战，太可怕了！"

然而，西夏军队虽然打了不少胜仗，但是失去了和平贸易的外部环境，人民生活困苦，民怨四起。由于战争爆发，宋朝停止了对西夏大宗银、绢、钱的"岁赐"，还关闭了边境贸易市场，禁止西夏所产的青白盐入境。西夏失去了直接的钱物供给，境内的粮食、绢帛、布匹、茶叶及其他生活日用品奇缺，物价昂贵。

在这种情况下，西夏再继续与宋开战，就不太现实了。而且，宋、夏、辽关系的转变也促成西夏与宋的和谈。西夏本来想依仗着辽来抗宋，但是辽却以西夏的利益做筹码，与宋谈判，从中谋利。再加上李元昊数次与宋开战，已经清楚认识到，宋朝兵多人多疆域广，想要一口吞下，可不是件容易的事。

于是，李元昊开始试探性地与宋和谈。经过几番与宋朝的讨价还价之后，宋夏正式议和，宋朝正式下诏册封李元昊为夏国主,依李元昊的请求改其名为嵬名曩霄。

由李元昊一手建立起来的西夏维持了近两百年,经历了十任皇帝,前期和辽、宋并立,后期金国崛起后,西夏改臣服金国,最终被蒙古所灭。

二札帖 范仲淹作
现藏故宫博物院

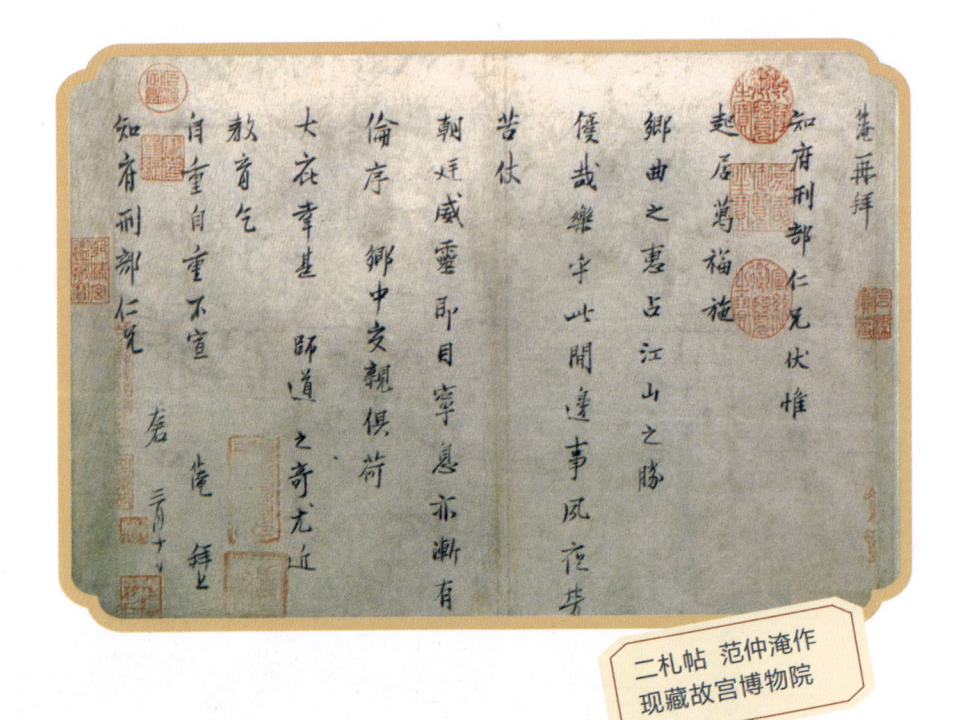

🖊 历史加油站

活字印刷术

　　活字印刷术是中国古代四大发明之一。北宋庆历年间，中国的毕昇发明了泥活字，标志着活字印刷术的诞生。毕昇的活字印刷术，比德国的铅活字印刷术早了约四百年。

　　毕昇是这样做的：先用胶泥做成一个个规格一致的毛坯，在一面刻上反体单字，用火烧硬，成为单个的胶泥活字。再按照稿件把单字挑选出来，排列在字盘内，涂上墨进行印刷，印完后再将字模拆出，留待下次使用。

8 包青天的故事

宋仁宗天圣五年（公元1027年），殿试之后，新科进士们赶赴皇帝亲赐的琼林宴。人人意气风发，在他们之中，有一位来自庐州（在今安徽省合肥市）的年轻人，他叫包拯，这一年只有二十八岁。

包拯在考取进士后，本来应该按照朝廷的指派做官，但是他十分孝顺，考虑到父母年老，就拒绝了当官，留在父母身边照顾他们。几年之后，父母亲相继过世，他在父母墓前盖房子守孝。守丧期满后，包拯仍不忍离去，直到同乡的一些德高望重的老人前来劝说，他才肯出来做官。

包拯为官公正，明察秋毫。他在天长县做知县的时候，有百姓前来告状，说有人偷偷割了他家牛的舌头。包拯对他说："你的牛应该活不了了，你就把牛杀了卖肉吧。但你记得，回去之后不要对别人说你来衙门告过状，我自有公断。"

宋代以农为本，牛是用来耕地的，因此私自宰杀耕牛是重罪。那个百姓惶恐地说："可我不敢私自宰杀耕牛。"包拯说：

"没关系,这是朝廷许可你的,不过你不要对人提起。"

过了几天,有人来告状,说他看见邻居私下里宰杀耕牛,特地来衙门举报。包拯立刻将此人抓起来,一查,果然是他偷偷割掉了邻居家牛的舌头。

原来包拯早就看出,割牛舌头本身并没有什么好处,所以割牛舌的人应该与原告有过节,他割牛舌就是在等原告私自杀牛时好来告状。所以包拯利用计谋,一举将犯人抓获。

包拯做官也非常清廉。端州出产名贵的砚台，要向朝廷进贡。前任知州每次都多收许多砚台，中饱私囊。可是包拯担任端州知州时，只是要求制作的人做够进贡的数目，直至他离任时，也没有带走一块砚台。

包拯在庐州做知州的时候，老家的亲朋好友觉得有他这层关系，便经常仗势欺人，甚至违反法令。可包拯并没有因为私人关系而徇私枉法，他的一个舅舅违反法令，包拯直接杖责惩罚。从此以后，他的那些亲戚朋友就再也不敢胡作非为了。

包拯在做御史中丞的时候，张方平担任三司史，他掌管全国的钱粮财政，是当时炙手可热的权臣，地位比包拯高许多。张方平利用自己手中的权力，用低价购买百姓的田产，从中牟取暴利。包拯得知后向皇帝上奏折弹劾他，皇帝便撤掉了张方平的职务，改由宋祁接任。可是宋祁也没有恪尽职守，而是整日饮酒作乐。于是包拯再次弹劾宋祁，皇帝便打算改由包拯来担任三司史。

这时候有人说，包拯因为一些小过错就连着弹劾两任三司史，导致张方平和宋祁被撤职，这就像是牛踩了田地，却判决要把牛没收一样。更何况，最后这个官职却由包拯自己担任，这不是太过分了吗？

包拯说："我担任御史，职责就是纠察官员的错误，难道因为是小错误，就可以放着不管吗？"包拯还为了避嫌，一直躲在家里，始终不愿意接受朝廷任命他为三司史。在皇帝的一再坚持下，包拯才最终走出家门，答应接任了官职。

转运使王逵在职期间常常剥削百姓，激起民愤，导致老百姓揭竿而起。王逵非但不改正错误，还派官兵杀死不少起义的百姓。由于王逵和几位宰相勾结，又讨皇帝喜欢，朝野上下没有官员敢招惹他，更别说弹劾他了。

但正义的包拯无法容忍这样的事情，他挺身而出，连续七次弹劾王逵，更是当面顶撞皇帝说："像王逵这样的酷吏，您把他放在哪里，就是哪儿的不幸。为什么您不愿听从我的劝谏呢？"皇帝无奈，最终只好罢免了王逵。

除了为官清正廉明、刚直不阿、不附权贵、铁面无私，包拯也经常为国家出言献策，他提出的许多建议都被皇帝采纳，造福了大宋百姓，故有"包青天"之名。他还为朝廷举荐了许多人才，都得到了重用。在当时，连街边小孩和深居家中的妇女都知道包拯的名声。京师有"关节不到，有阎罗包老"之谚语，意思是不要做坏事，不然阎罗王和包拯会来治你的罪。

公元1062年，包拯逝世，京城的百姓没有不伤感的，街巷中到处都能听到叹息、哭泣的声音，连皇帝都亲自来吊唁他。

千里江山图（局部）王希孟绘
现藏故宫博物院

🛢 历史加油站

黑脸包公

在戏曲作品和影视作品中，我们看到的包拯一直都是以黑脸、额头有月牙痕迹的形象存在。而真实的历史中，并没有包拯是黑脸的记载。那为什么白脸的包公最后变成了黑脸呢？

在传统戏曲文化中，常常用不同的脸谱颜色来对人物进行符号化，让观众容易辨别。比如黑脸的包拯代表正直、白脸的曹操代表奸诈、红脸的关公代表忠义等。所以，给包拯涂上黑脸，能突出他断案如神、铁面无私的特点。久而久之，黑脸也就变成了人们心目中包拯的形象。

9 王安石变法

宋朝一直重文轻武,一方面导致文官数量非常庞大,另一方面军队作战能力薄弱,只好又扩充军队数量,最终造成结构失衡。再加上皇帝总是采用经济手段去解决边患问题,每年都要从国库支出大量财宝,虽然宋朝较为富庶,但渐渐也难以支撑下去了。

这样的情况,自然被有识之士看在眼里。公元1043年,范仲淹等人上书宋仁宗,提出诸多革新措施,史称庆历新政,这次变革取得非常好的效果。可仅仅两年,宋仁宗就因听信守旧派的污蔑,把范仲淹等人贬出朝廷,新政失败。

大宋王朝带着隐患继续向前发展,表面上依然繁华一片,实际上却在不知不觉地走下坡路。时间一晃就过去了二十二年,现在坐在龙椅上面对着满朝大臣的是一位年仅十九岁的新君——宋神宗赵顼(xū)。年轻的皇帝把国家的一切看在眼里,早就等着重整山河的这一天,而且他也早已选好了属于自己的"管仲、萧何、诸葛亮",这个人就是他仰慕已久的名臣王安石。

早在宋神宗少年时期，他就听到了许多王安石在文学方面的过人才华、担任地方官职刚正干练的事迹。公元1058年，王安石曾向宋仁宗上奏，洋洋洒洒一万字痛斥朝政弊病，可惜却没有被采纳，但这封奏折里的每一个字，都撞进了年仅十岁的赵顼的心里。

在赵顼即位之前，王安石已经以母亲生病和过世的理由屡次拒绝朝廷征召，闲居四年了。为官一任，他能做到造福一方，但这些相对国家前途命运来说只是杯水车薪，他厌倦了。或许他在心里也呼唤着属于自己的贤君。

公元1067年，风云际会，神宗皇帝一登基就征召了王安石，并在一年多的时间内，很快将他提拔为参知政事，跻身执政大臣之列。君臣二人雷厉风行，顶着朝廷内外的压力，以迅雷不及掩耳之势推行

新法，颁布了均输法、青苗法、募役法、保甲法……

一时间，传达朝廷法令的文书如雪片般飞到大宋王朝的各个角落。这些法令中，有的是在百姓没有种子的时候借给他们种子，既能让百姓渡过难关，收取的利息也能丰盈国库；有的是把强制募集百姓服劳役改为向不愿服劳役的人收取免役钱，再用这些钱雇人服劳役；有的是要重新丈量土地，把富人隐匿的土地找出来收税，为土地少的民众减税；有的是鼓励民众向政府贷款来兴修水利，以保证农业灌溉，既让农民丰收，政府也可以获得利息充实国库……万象更新，一切蒸蒸日上，仿佛所有的问题都能迎刃而解。大宋王朝像一个得到医治的病人，正在一天天好转起来。

可是，渐渐地，传来了各种反对的声音。许多大臣上书陈述新法的弊端，宋神宗开始还将反对的人贬谪出去，但是反对的人越来越多，宋神宗逐渐动摇了。王安石辩解说这是朝廷内外官员互相勾结阻挠变法，劝说神宗皇帝不要动摇。可宋神宗回答说，作为天子，要多方听取百官的谏言。王安石见状请求辞官归隐，宋神宗拒绝了。

后来，关于新法的怨言越来越多，有的地方官员强行逼迫百姓向政府贷款，收取高利息；有的地方官员非但不平抑物价，反而囤积居奇盘剥百姓。百姓不堪重负，怨声载道。王安石向宋神宗解释这只是部分地方官员舞弊，然而神宗皇帝却并没有听进去。

公元1074年，宋神宗的祖母和母亲向他哭诉"王安石乱天下"。宋神宗终于罢免了王安石的官职。

可是第二年，王安石又重新被启用，但这时的他已得不到皇帝的支持，更别说实现自己变法的抱负了。不久王安石就以儿子过世为由，又辞去了官职。

公元1085年，宋神宗去世，新皇登基，新法全部被废。第二年，王安石去世。

新法执行了十五年，充盈了国库，也增强了军力，但同时也带来了盘剥百姓、扰民损民的后果。如果新法能继续执行，大宋将会是什么样子？恐怕谁也不能确定。可是世上没有如果，大宋这个病人，服下一剂猛药，颤抖了两下，又将药吐了出来，继续一步一步走向不可挽回的衰落。

历史加油站

唐宋八大家

唐宋八大家，又称为"唐宋散文八大家"，是唐代韩愈、柳宗元和宋代欧阳修、苏洵、苏轼、苏辙、曾巩、王安石八位散文家的合称。其中韩愈、柳宗元是唐代古文运动的领袖。八大家中苏家父子兄弟有三人，人称"三苏"，分别为苏洵、苏轼、苏辙，又有"一门三学士"之誉，他们与欧阳修一起推动了宋代古文运动。而王安石、曾巩是临川学派的代表人物。

10 苏轼与新旧党争

公元1101年，常州府，一位六十多岁的老人安然离世，他死在了被赦免后回京的路上，结束了他丰富多彩却也颠沛流离的一生。这个人就是苏轼。

像所有天才一样，苏轼很早就崭露头角。二十岁的他第一次参加科举考试，一篇妙文得到考官梅尧臣的青睐，被推荐给主试官欧阳修。欧阳修看到这篇文章也是十分欣赏，但他误以为这样好的文章是他的弟子曾巩所写，为了避嫌，只给了苏轼第二名的成绩，结果试卷拆封后才得知是苏轼所作。

经欧阳修一再赞扬，苏轼在京师名声大噪。四年之后，苏轼参加朝廷举办的制科考试，又考出了两宋三百多年内最好的成绩。宋仁宗读到苏轼及其弟弟苏辙的试卷后，激动地说，我替后世选好了两个宰相啊！

带着皇帝和朝野的赞誉，苏轼开启了他的仕途。和当时许多官员一样，他要从地方官做起，等到阅历丰富之后，才有回京任职的可能。年轻的苏轼勤勤恳恳地工作，尽心尽力地造福一方百姓。几年之后，苏轼被调回了京城。

然而命运并没有分配给他一条一帆风顺的道路，王安石开始了轰轰烈烈的变法运动。

变法在朝廷中激起了无数反对的声音，其中就包括苏轼的老师欧阳修。在看到新法的诸多弊端之后，即使目睹了欧阳修等人因反对新法而被迫离京的情况，苏轼仍旧毅然选择了直言进谏。可惜，他也因反对变法被排挤出京城。

公元1079年，苏轼在做过几任地方官后，被调往湖州做知州。这时的朝野风气已经迥然不同，王安石因为变法不顺，受挫隐居了。朝廷迅速分化成两个派别，支持变法的一派被称为新党，反对变法的一派被称为旧党。两党互相争夺权力，结果是品行高洁的人都被排挤走了，得势的都是一些结党营私、耍弄权谋的人。苏轼虽然早已不在京城，但是因为在文坛和政坛的名声，他也被新党看成了眼中钉。

苏轼接到调任湖州知州的诏书后，给皇帝上了一封谢恩奏折。奏折里发了几句牢骚，被新党和一些嫉妒他才华的小人拿来大做文章，说他有谋反之意，并从他的诗文中牵强附会出许多谋反的例子。上任三个月的苏轼立刻被御史台逮捕，受到牵连的有几十个人。而且，一旦谋反的罪名被坐实，那就只有死路一条了。

危急时刻，朝廷正义之士纷纷上书，进言苏轼无罪。之前还和苏轼有过矛盾且隐居的王安石也给宋神宗上书,说如果连苏轼这样的人才都杀,这还算什么盛世呢?甚至连当朝太后也替苏轼求情,苏轼才得以从轻发落。坐牢一百零三天之后,苏轼终于从鬼门关里逃了出来。他被贬谪为黄州团练副使,受黄州当地官员的监视。

苏轼被贬黄州后,反而能放下名利得失,变得更加旷达和超脱。心态的改变让他在黄州过了一段清苦却安乐的生活。在这段时期,他写下了《赤壁赋》《念奴娇·赤壁怀古》等千古名篇。

不过党争却并没有停止,宋神宗离世后,王安石变法的举措全部被否定。旧党得势,将新党全部贬出朝廷。不过没多久便风水轮流转,新党得势,又将旧党人物全部贬谪出京,还立下一块石碑,将旧党人物姓名刻在碑上,以示他们永世不能翻身。可是,没过几年,旧党又上台……丑陋的党争一直持续到北宋灭亡。

至于苏轼,他的后半生也随着党争起起伏伏。有时候会回到京城,但更多的时候是不断地被贬谪。总览苏轼一生,被贬谪黄州的处罚并不算重,他后来还被贬谪到当时还很偏僻的广东惠州,乃至还是蛮荒之地的海南岛儋州。苏轼晚年自己调侃说:"问汝平生功业,黄州惠州儋州(意思是你要问我一生有什么成就?那就是黄州、惠州和儋州,即从黄州一路被贬谪到了海南岛）。"

党争让苏轼一生坎坷不顺，然而并没有影响苏轼妙笔写诗文，不影响他英名垂千古。然而一生未能为国做出大贡献，这未必是意气风发的少年苏轼想要的结果，也未必是提拔赏识他的欧阳修想要的结果，更未必是兴奋地宣称为后世找到两名宰相的宋仁宗想要的结果。

苏轼，还有同时代的多少青年俊杰，他们的青春与热血，他们的豪情与梦想，都被党争的滔滔巨浪卷走了。

钧窑天蓝釉紫斑长颈瓶
现藏大英博物馆

🫗 历史加油站

东坡肉的由来

　　苏轼，号东坡居士，不仅是一位文学家，更是一位美食家。苏轼一辈子仕途失意，但性格却豁达、有趣。苏轼被贬于黄州时，生活落魄，曾仿制前人的做法，将猪肉慢火红烧，制成色泽红润、酱汁浓厚、风味香醇的烧肉，更为其题《猪肉颂》一首。后来，经过历代厨师的发展，这道菜逐渐成为苏杭菜的著名菜式，并因其发明者别号被命名为"东坡肉"。

11 名画背后的危机

大宋皇宫内的翰林图画院,几位宫廷画家正对着一幅新完成的画作赞不绝口。年仅二十六岁的翰林待诏张择端站在一旁,听着同僚们的赞美之辞。但是他眉宇间的皱纹,却始终没有松开。

不久,有太监过来传旨,说皇帝陛下听闻张待诏的《清明上河图》已经完成,特意派人来取画作,带回去欣赏。紧接着就有两名小太监捧出玉匣,画院的待诏们赶紧将画作卷好,放入玉匣,让太监们带回。

传旨太监刚离去,其他人又开始纷纷赞美张择端。有的说:"自古以来,历朝历代之繁华,未有能赶得上我朝的,而能摹画出我大宋繁盛之境的,只有您了啊!"

有的说:"这幅画气势恢宏、笔触细腻,将我大宋国都汴京城的风光与街市繁华全部囊括。若不是胸中有大丘壑,又怎么能做到呢?"

还有的说:"画作未完成的时候,陛下就多次派人来问进展,现在刚一完成,陛下又派人取去欣赏。可见陛下对此画之看重。张待诏离飞黄腾达之日不远了。"

张择端依然只是漫不经心地应付道:"哪里,哪里。诸位谬赞了。"心中却已在揣度皇帝陛下看画的场景。陛下能读懂他的用心吗?以陛下的聪明才智,肯定能读懂。可是陛下会采纳他的建议吗?

这位刚即位一年的宋徽宗赵佶,聪明倜傥、文采风流。在他还没有即位之时,张择端就已经对他佩服得五体投地。赵佶对绘画、诗词、骑马、射箭、花鸟、园林都有着精深的造诣,尤其是他独创的瘦金体书法古今一绝。正因为如此,张择端心中对皇帝陛下充满了期待。

像几位同僚所说,大宋朝虽然在战场上经常失利,但是要论及富庶繁华,的确是在历朝历代首屈一指。可这已经是前几十年的事情了。近些年来,新党和旧党争权夺利不断,百姓的负担越来越重,加上自从和辽夏休战以后,国家承平日久,武备松弛,恐怕祸患就在不远的将来啊!

为此,张择端呕心沥血创作了这幅《清明上河图》,画中有汴京优美的自然风光,有城内熙熙攘攘的行人,有鳞次栉比的商铺,有汴河两岸繁华的商船,有河上壮丽的虹桥。同时他也在许多细小的地方不经意画出城防的涣散,税官和商贩的争执,官员在路上横行,他甚至大胆画出商贩将旧党官员书写的屏风当作苫布用。

　　张择端希望宋徽宗能看到大宋盛世背后的危机，他相信以陛下的聪明才智，肯定能读懂他的用意，他也相信只要陛下励精图治，以他的才能肯定能复兴大宋。

　　不久，有太监传来消息，说陛下传诏，张待诏作画辛苦，赐三天休沐假。没有赏赐吗？所有人都很吃惊。张择端顾不得

这些，他忙询问陛下还说什么了吗？传旨太监一脸傲慢地说："陛下看了一会儿，什么也没说，便命人将画封起来了。这会儿正和王公大臣们商量花石纲的事呢。"

"花石纲，花石纲是什么？"张择端不解。

那太监见他的画作不被赏识，已不愿和他多说，便不情愿地回答道："陛下神思独运，决定在皇宫内的湖畔修几座假山，要用太湖玲珑石堆砌。这会儿正商量着如何调用漕运官船去运太湖玲珑石呢。每十条船为一纲，这便是花石纲。"

张择端闻听此言，一脸惊愕，随后发出一声长长的叹息，那些同僚和太监听到，都以为他在为自己的画没能讨好皇帝而惋惜，不禁都嘲笑起他来。

调官船私用，大兴土木，这可都是昏君才干的事情啊。陛下的才华、心智都用在这些事上了吗？这些话张择端只是在心里想，没敢说出来。大宋王朝的命运，将会何去何从？张择端陷入深深的忧虑之中。

清明上河图（局部） 张择端绘
现藏故宫博物院

🛢 历史加油站

宋代中国画

宋朝是中国书画艺术的顶峰期，宋朝皇帝特别重视书画事业，在宫廷设立翰林画艺局、翰林图画院与画学。宋徽宗曾亲自出题、面试，选拔出类拔萃的画师进入宫廷画院，培养了一大批艺术人才。

中国山水画发展到宋朝，派别多，优秀画家辈出。初期有荆浩、关仝、董源与巨然等人，将山水画推向高峰。北宋以米芾、米友仁父子最为卓越，他们成功地将文人画与山水画风格相融合，后人难以企及。另外，北宋还有李成、范宽和郭熙，都对山水画的发展有重大影响。

12 宋江、方腊起义

到了北宋末年，政治愈发混乱。宋徽宗赵佶即位以后，朝政由奸臣蔡京等人把持，对百姓的盘剥愈加厉害，终于激起了几场声势浩大的农民起义。

从五代到北宋末，黄河决口，在山东一带形成了一个非常大的湖泊——梁山泊。湖周围的百姓土地不多，只能靠水吃水，大都以捕鱼、采藕为生。虽然清贫，倒也还过得下去。转眼到了宋朝年间，宋徽宗为了解决财政困难，税收越来越重。朝廷甚至规定，凡是进入梁山泊水域捕鱼或采摘，都要征收重税。捕鱼、摘藕本来也就仅能糊口，百姓们实在交不起税。朝廷又规定凡是不交税私自入湖者，就要按盗贼判罪。

不捕鱼就只有饿死；入湖捕鱼，收成不够交税，还是饿死；私自捕鱼，被抓住之后按盗贼判罪，还是死。既然不管怎样都走投无路，那干脆就造反当真"强盗"吧！

公元 1119 年，以宋江等三十六人为首的起义军在梁山泊揭竿而起。

多次打败官兵以后，宋江的起义军名声大噪，许多走投无路的百姓和豪杰都赶来投奔宋江，起义军的规模迅速扩大。随后起义军转战山东、河南、河北一带，攻城破府，朝廷官兵没有人敢直接抵挡。

公元1121年，起义军攻打海州。海州知州张叔夜是一位戎马多年的老将，他有着丰富的作战经验，却因得罪蔡京等人被贬到海州做知州。

宋江的队伍到达之前，张叔夜已经得到探报，开始整顿军务，积极备战。起义军初战告捷，莽撞地冲上岸去，中了张叔夜的埋伏。在起义军登陆之后，张叔夜又派官军焚烧起义军战船。起义军后路被断，无心恋战。走投无路之下，宋江只好率军投降。就这样，宋江起义落下了帷幕。

在梁山泊起义的同时，南方也爆发了规模更大的起义。

宋徽宗不仅在政治上极端腐败，生活上也骄奢淫逸。他酷爱南方的花石，奸臣蔡京等人便投其所好，专门搜集江南奇花异石，献给宋徽宗。后来，甚至专门成立衙门奉应局，为皇帝搜集奇花异石，整船整船地运往汴京，这就是臭名昭著的花石纲。

江浙百姓不堪其扰，哪一家要是有一株花、一块石头被看上了，奉应局就会立刻派人用黄纸贴封条，算作进贡皇帝的东西。如若东西有一点儿损坏，全家都要受牵连。奉应局征收东西的时候也不计成本，为了一块石头甚至可以将百姓的房

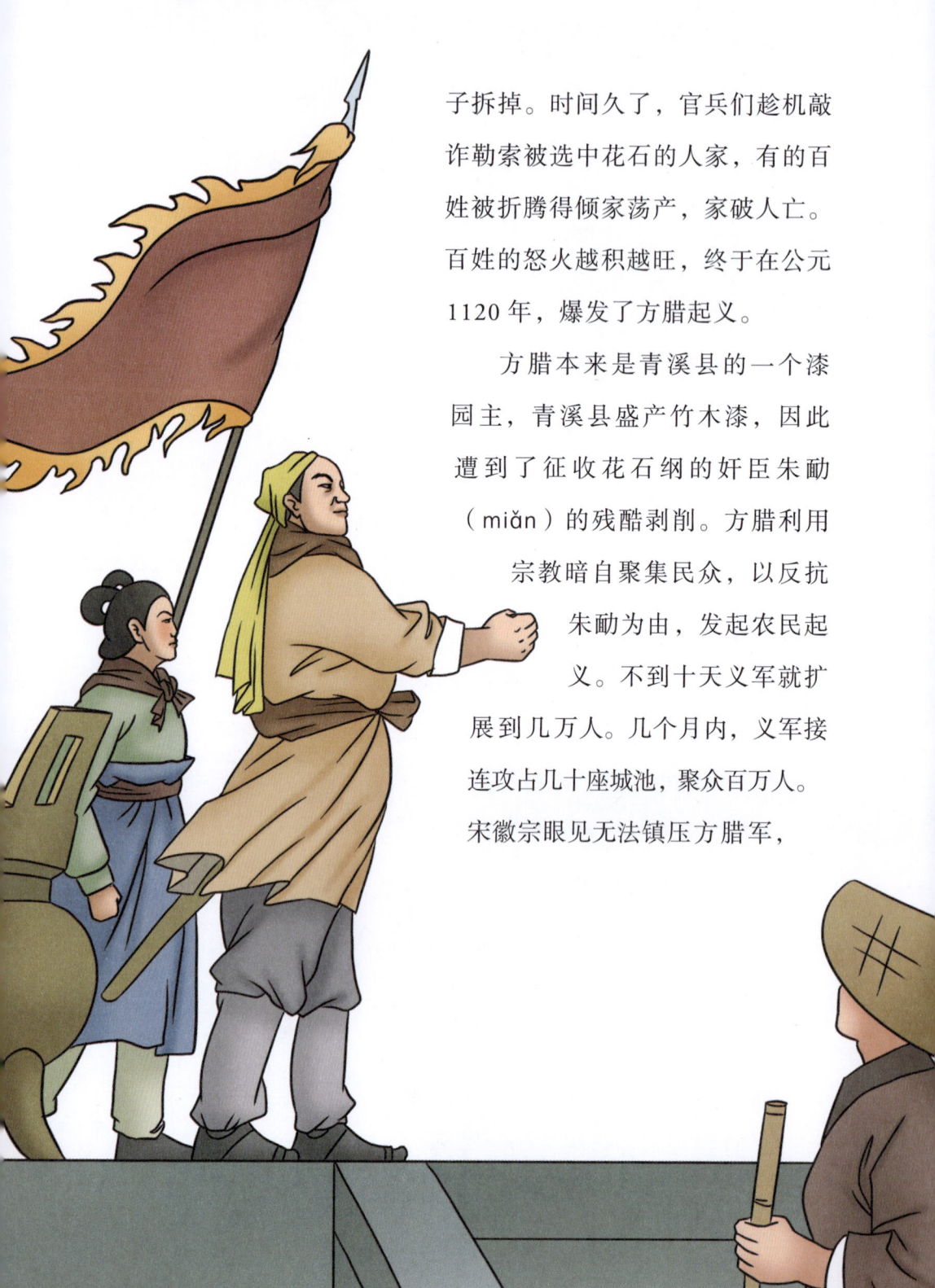

子拆掉。时间久了,官兵们趁机敲诈勒索被选中花石的人家,有的百姓被折腾得倾家荡产,家破人亡。百姓的怒火越积越旺,终于在公元1120年,爆发了方腊起义。

方腊本来是青溪县的一个漆园主,青溪县盛产竹木漆,因此遭到了征收花石纲的奸臣朱勔(miǎn)的残酷剥削。方腊利用宗教暗自聚集民众,以反抗朱勔为由,发起农民起义。不到十天义军就扩展到几万人。几个月内,义军接连攻占几十座城池,聚众百万人。宋徽宗眼见无法镇压方腊军,便派人招降，被方腊严词拒绝。

东南一带是北宋时期经济最发达的地区，如此大规模的起义动摇了宋王朝的根基。宋徽宗惊慌失措，连忙下令停止征收花石纲，罢黜朱勔，以此迷惑起义军，然后迅速集结大军镇压起义。

公元1121年，宋军围攻杭州，起义军苦守至弹尽粮绝，不得已退出杭州，从此形势急转直下。各个州县接连被官军攻破，方腊被迫率军固守帮源洞。

宋军继续发起攻击，义军奋起反抗，激战之后七万多人战死。方腊和妻子、儿子等三十多名义军领袖被俘，被装进囚车押往汴京。同年八月，方腊被处死。

方腊死后，各地义军依然在各自作战，一直到第二年，才被全部扑灭。

方腊起义前后攻占东南六州五十二府，战乱使江南一带更加凋敝，让积重难返的北宋王朝更加雪上加霜。剿灭了方腊起义的北宋王朝并没有平静多久，五年之后，它就迎来了自己的灭顶之灾。

政和鼎
现藏台北故宫博物院

历史加油站

《水浒传》

元末明初，施耐庵以宋江起义这段历史故事为背景创作了小说《水浒传》。《水浒传》是中国古典四大名著之一，问世后在社会上产生了巨大的影响。《水浒传》也是中国历史上最早用白话文写成的章回小说之一，书中热情地歌颂了一百零八将的豪杰故事，流传极广，脍炙人口。

13 女真的崛起

在北宋时期，除了辽和宋以外，当时的东亚大陆上还有许多国家，如西北的西夏，青藏地区的吐蕃和回鹘（hú），西南的大理，东南边的高丽等。其中武力最强大的国家还要数辽国。辽国不仅军力最强，国土也是诸国中最大的。在广袤的北部地区，有许多游牧部落，都因为辽国的武力强大而不得不臣服，女真族就是其中一个。

女真族世代居住在东北，以游猎为生。为了防备女真族，辽国采取了分化措施，拉拢一部分女真族，同时防范打击另一部分，让他们彼此牵制。辽天祚帝即位之后，对女真族的压榨越来越重。辽国加大了向女真族征收人参、貂皮、名马等特产的数量，以削弱女真的实力。

辽国以为这样的措施肯定万无一失，但是一个女真英雄的出现，打乱了辽国所有的计划，这个人就是完颜阿骨打。完颜部本来是女真几十个部族中不起眼的一个部落，但是经过几代人的努力，已经发展成女真部族中最强大的一支。完颜阿骨打继承族长之位后，凭借卓绝的军事才能，统一了女真各部。

公元1114年，完颜阿骨打召集女真各部，正式决定起兵攻打辽国。

这个决定令人诧异，纵然女真族已经团结起来，纵然完颜阿骨打能征善战，但是凭借几千人军队的部族和横跨亚洲大陆的辽帝国打仗，这简直像是兔子向狮子发起了挑战。

九月，完颜阿骨打向辽国宁江州进军，他带领的各部军队人数，总共只有两千五百人。辽国派军队出战，完颜阿骨打在战争中射死辽将，辽军大败，女真占领宁江州。完颜阿骨打派人招降附近其他游牧民族，扩充军队。扩充后的女真军队也只有三千七百人。

惹怒狮子的后果非常严重，辽国派出十万大军，想要一举吞掉这只不听话的兔子。十万大军，是女真军队的二十七倍。二十七人打一人，这仗还有什么可打的呢？辽国大军浩浩荡荡地向宁江州开进。

正当大军在出河店这个地方踏冰渡河的时候，女真骑兵出现了！

完颜阿骨打没有选择守城，而是主动出击作战。正在渡河的辽军完全没有心理准备，在女真骑兵的冲锋下，很快陷入混乱，纷纷溃败。女真人俘获了不计其数的辽兵和粮草、军械。出河店大捷之后，各路女真部族开始坚定地支持完颜阿骨打。同时，完颜阿骨打将俘获的部分辽兵也编入军队。即使如此，他率领的军队也才勉强超过一万人。

公元1115年，完颜阿骨打称帝，建国"大金"。称帝后，完颜阿骨打立刻率领这一万多人向辽国黄龙府进军。黄龙府是辽国北方重镇，囤积了大量粮草，城高池深。女真军队没有攻城的经验，辽军只要坚守不出，就能将这区区一万多人的女真军队耗死在城外。

面对这样的形势，完颜阿骨打没有选择攻城，而是守在城外，不断击败辽国的各路援军，他要攻破的是城内辽军那安享几十年太平之后的脆弱不堪的心。城里的士兵看着各路援军纷纷溃败，越来越绝望，终于，当女真军队又一次攻城时，他们一触即溃，纷纷弃城逃跑。

黄龙府被攻破，天祚帝这时候才终于明白，女真不再是癣疥之痛，而是心腹大患了。他调集大军亲自征讨女真，人数共七十万！而女真军队经过新一轮征兵和招降，人数终于达到了两万，可这依旧和辽军人数相差了三十五倍！

完颜阿骨打在战前对将士们说："当初，我带领你们起兵，是为了不再受辽人欺压。现在辽国大军将至，你们只有两条路：一条是杀了我，然后投降辽国；一条是和辽军血拼。到底怎么做，就看你们的抉择了。"将士们纷纷流泪，怒吼着要和辽军决一死战。

两军开始交战，女真军队英勇无畏，冲锋在前。辽兵连连败退，但是立刻又有无数辽兵如潮水般涌上来，怎么杀也杀不绝。争斗正在关键时刻，辽国内部突然发生了政变，有人打算废黜天祚帝，天祚帝只好撤军平定内乱。天赐良机，完颜阿骨打趁辽军撤退之际，穷追猛打，一举击溃了辽军，纵横北方两百多年的辽国从此一蹶不振，直至被女真灭掉。

国家的强盛与否，不能只看国土面积和军队数量。只要全国上下团结一心，即使像女真这样小的部落也可以变成大帝国。政治昏聩，朝廷腐败，恃强凌弱，即使像辽国这样的大帝国也会灭亡。

官窑青釉六角水仙盆
现藏大英博物馆

历史加油站

女真族名称的由来

女真族，别称女贞、女直，今称满族，源自3000多年前的肃慎。汉朝至晋朝时称挹娄，南北朝时期称勿吉，隋朝至唐朝时称黑水靺鞨，辽时期为了避辽兴宗耶律宗真讳，称为女真。

14 靖康之耻

公元1118年这天，宋徽宗赵佶格外兴奋。宋徽宗一直密切关注着北方女真族的动向，了解到女真族建立了金国，并且已经起兵反辽，将辽国的军队打得落花流水。前一段时间，他派人渡海和金国商议，约定一起灭掉辽国，瓜分辽国国土。今天使者回来说，金国同意啦！

之后，两国频繁沟通。公元1120年，宋朝与金国正式签订"海上之盟"，约定宋金联手灭辽。金取辽的上京、中京，宋取辽的南京。辽国灭亡之后，宋朝将原来给辽的岁币转纳金国，而金国同意将原燕云十六州之地归还宋朝。

燕云十六州，梦寐以求的燕云十六州啊，宋太祖、宋太宗心心念念却始终无法得到的燕云十六州，就要在我赵佶手里夺回来啦！宋徽宗兴奋不已。从这一天开始，宋徽宗时不时就和宠臣们一起畅想，金国灭辽时，大宋趁机出兵，击败辽国残兵败将，燕云十六州唾手可得。

赵佶心心念念的日子终于到了。公元1122年，金国同宋朝夹攻辽国。当时金国已经攻破中京，辽国末代皇帝天祚帝仓皇逃窜。正是建功立业，收复河山的时候了！

宋徽宗命令刚刚平定方腊叛乱的宦官童贯率军北伐。童贯率军兵分两路，雄赳赳气昂昂地杀进辽国。部下问童贯是否有取胜的计策。童贯呵呵一笑，告诉他这次伐辽占尽天时地利，大军所到之处，辽兵必然倒戈卸甲，望风而降。然而宋军一遇到辽军，先败于兰甸沟，再败于白沟，又败于范村。宋徽宗恐惧不已，赶紧下令撤军。

没过几个月，辽国的局势更加惨淡，想起燕云十六州，宋徽宗又派军北伐。宋军又被辽军截断了粮道，宋军和辽军刚一接触，营帐就被焚烧，宋军丢下辎重粮草，仓皇逃跑。

宋朝攻辽失败了，而金国不仅拿下了辽的上京、中京，还顺利攻下了南京。辽国灭亡之后，宋金开始扯皮，金国指责宋朝没有按照约定打下辽的南京，因此不愿意归还燕云十六州。宋金不断交涉、谈判。最终，宋朝支付了一大笔钱给金国，金才同意归还燕云十六州中的六州以及燕京。

金人撤出燕云地区之前，掳走了所有的百姓和财物，只给宋朝留下了几座空城。但不管怎样，赵佶终于收复燕云地区了，他兴高采烈地大封功臣，沉浸在立下不世之功的美梦中。

在联合宋朝攻打辽国的过程中，金国看到了宋朝的军事实力之弱。仅仅过了三年，公元1125年，金国挥军南下攻宋。

不到半年时间，金军就围困了汴京。宋徽宗惊慌失措，接受了臣子的建议，仓皇间将皇位传给了儿子赵桓，是为宋钦宗。大臣李纲组织军民顽强抵抗，金军没能攻破汴京城池。最终，宋金谈判，宋朝割地并派人质到金国，金军才撤走。

半年之后，金军第二次攻宋，只用了三个月，又围困了汴京。这次，宋朝处境更加困难，仅有的军队已经被金军击败，李纲也被奸臣陷害遭贬谪。宋钦宗在危急时刻又想启用李纲，可是已经来不及了，等到李纲接到圣旨的时候，汴京城已经被金军攻破了。

金兵在汴京城大肆抢劫，大宋朝的国都从当时世界上最繁华的城市沦为人间地狱。最后，金国在汴京立了一个傀儡政权，俘虏了宋徽宗、宋钦宗二帝和皇室贵族以及百姓近十万人返回。

公元1127年，宋钦宗即位的第一年，在他的父亲把国家折腾得山河飘摇之后传位给他的第一年，北宋灭亡。

后来，岳飞在《满江红》中称这件事为靖康耻。每一个朝代都会灭亡，但只有北宋的灭亡，被冠以"耻"字，被后世所铭记。

宋徽宗和宋钦宗被押到金国以后，金人特意为他们和宋室贵族们安排了牵羊礼。俘虏不论男女，都需要脱去上衣，披上羊皮，趴在地上，被人牵着往前走，代表自己像羊一样顺从。

牵羊礼过后，宋钦宗的皇后不堪羞辱，当天晚上就自杀了。

不知道宋徽宗在金国有没有想起他的瘦金体书法是多么美妙，有没有想起他用花石纲堆砌的亭台楼阁是多么漂亮。按照历朝历代对待亡国之君的惯例，他被金国封为昏德公，又活了八年才去世。他的痛苦可想而知，但他绝不是最悲惨的，无数在战乱中被异族蹂躏的百姓，他们的泪水比宋徽宗要多成千上万倍。

溪山秋色图（局部） 宋徽宗绘
现藏台北故宫博物院

历史加油站

瓦舍勾栏

　　提起宋朝，瓦舍勾栏是常见的一个文化符号。宋朝经济很活跃，是第一个不执行宵禁的朝代，晚上允许老百姓出门，因此百姓夜生活非常丰富，瓦舍勾栏就是宋朝大型的城市娱乐中心。"瓦舍""勾栏"均出自佛教经书，瓦舍原指僧房，勾栏又作勾阑或构栏。唐代的戏场几乎全部以寺庙为依附，这种寺院戏场到了宋代，开始走向民间，形成了宋代遍布市井的娱乐场所。由于传统戏场与寺庙的关系密切，人们借用"瓦舍勾栏"来称呼专门表演百戏、杂技、歌舞的建筑。

15 精忠报国

公元1103年，一户姓岳的人家生了一个儿子。家里添丁，这可是大喜事。这一天，恰好有一只大鸟停在岳家的房顶上，家人便为他取名岳飞，字鹏举。

岳飞自幼学习武艺，全县之内都没有他的对手。且他天生神力，少年时就可以拉开三百斤的弓。金灭辽之后，就大举南下攻宋，岳飞目睹了金人入侵后烧杀抢掠的暴行。他心中悲愤不已，想要去参军抗金，又担心母亲年事已高，在乱世中无法保护家人，只好作罢。可岳飞的母亲深明大义，他明白儿子的志向，不但不反对，反而在儿子背上刺上"尽忠报国"（后世演义为"精忠报国"）四个字。岳飞辞母投军，正式开启了他辉煌而悲壮的人生。

岳飞在军中作战勇猛，屡立战功，很快得到升迁。公元1127年，靖康之变后，宋徽宗的第九子康王赵构幸免于难，在河南即位，是为宋高宗。赵构畏惧金人如同绵羊惧虎，一登基就计划着南迁避战。年轻的岳飞不顾自己的官职地位，上书劝谏，可换来的却是被革除军职，逐出军营。

即便如此，岳飞的爱国之心也并未减退，随后他北上投奔抗金名将宗泽。此后岳飞继续南征北战，英勇杀敌。在战斗的过程中，岳飞逐渐建立起一支属于自己的军队——岳家军。岳家军军纪严明，作战勇敢，爱护百姓，冻死不拆屋，饿死不掳掠，深受百姓的爱戴。

随着宋高宗赵构南迁临安，金军也随之南下，攻占了江南重镇建康（在今江苏省南京市）。一旦金军在长江南岸站稳脚跟，那么长江天险的阻隔就不复存在，宋朝想在江南偏安都不可能了。岳飞和另一位抗金将领韩世忠奋起反击，韩世忠将金兵水军围困在黄天荡，岳飞则在牛头山设下埋伏，率领岳家军大破金军，最终成功收复了建康。

公元1134年，岳飞向宋高宗赵构上书，请求北伐。宋高宗勉强同意，却严令岳飞只能收复襄汉六郡，不得再前进，否则即便有功劳也要受处罚。岳飞率军势如破竹，很快便收复了襄汉六郡之地。宋高宗接到岳飞获胜的消息后，对大臣说："我知道岳飞军纪严明，没想到他竟能打这样的胜仗。"大臣回答说："正是因为军纪严明，才能打胜仗啊！"

后来岳飞又进行了第二次北伐，收复了不少失地。公元1138年，金国想与宋朝和谈休战。岳飞极力反对，他主张继续作战，收复所有被侵占的国土。可是宋高宗却不想再继续打仗，他派遣宰相秦桧到金国求和，双方约定宋朝向金称臣，承认被侵占的土地是金国的，每年还要送给金国大量的财物。

即使这样，也没有换来和平。很快，金国撕毁了和议，继续挥军南侵。宋高宗命岳飞火速率军迎敌，并且支持岳飞北伐。岳飞在郾城大败金军主力，金兵听到岳家军的名号就闻风丧胆。岳飞准备挥军继续收复汴京。

眼看收复失地在望，宋高宗却不愿再进军。他连下了十二道金牌，命令岳飞撤军。岳飞接到命令之后，愤怒惋惜道："十年作战，眼看着就要成功，想不到却要这样毁于一旦。"百姓们听说岳飞要撤军的消息，担心金军再杀回来报复，于是上前拦住军队，希望岳家军能拯救百姓于水火。岳飞含泪取出诏书拿给百姓看，说自己也没办法。百姓们闻之号啕，哭声震动山野。大军撤至蔡州时，当地百姓请求与部队一起行动，岳飞最终决定让大军停下来五日，以掩护当地百姓迁移撤离。

岳飞撤走后，刚刚收复的土地又全都落进了金国人手里。

公元1141年，金国在无力攻灭南宋的情况下，准备重新与宋议和。宋高宗自信地以为从此高枕无忧，于是他将岳飞和其他有功将领明升暗降，剥夺了他们的军权。紧接着，就有奸臣想要迫害这些主战的将军们。秦桧与完颜兀术私下勾结，完颜兀术写信给秦桧说："必须杀死岳飞，而后议和就能成了。"

不久，已经失去了军权的岳飞遭人诬告谋反。岳飞义正词严地面对审讯，并袒露出背上的刺青"尽忠报国"四个大字，连主审官也被他感动。主审官向秦桧汇报：已查出真相，岳飞的确是遭诬陷的。朝廷竟然立刻撤换主审官继续审理。面对严刑拷打，岳飞宁死也不屈服。

已经被免职的韩世忠责问秦桧，岳飞谋反到底有什么证据？秦桧被问到理屈词穷，于是说，莫须有（或许有）吧。韩世忠气愤地说，凭借"莫须有"这几个字，就杀死忠义之士，能说服天下吗？

没过多久，岳飞就在狱中被处死。临死前，他写下八个大字"天日昭昭，天日昭昭"。意思是，天和太阳是明白一切的。岳飞或许是想说，他的赤诚之心，苍天是明白的。可是在封建时代，皇帝就是臣民的天和太阳。作为天和太阳的赵构，希望岳飞活着吗？

定窑白瓷婴儿枕
现藏台北故宫博物院

🪔 历史加油站

临安府

临安府（今浙江省杭州市）严格来讲不是南宋的都城，而是个陪都，正式称呼为"行在"，即天子所在的地方。"临安"的名字也是"临时安顿"之意。南宋名义上真正的都城是开封，即北宋故都，以此显示其收复国土的决心。

16 抗金名将辛弃疾

辛弃疾作为大词人为世人所知,然而他的一生经历丰富,拥有不少富有传奇色彩的高光时刻,值得大书特书,称得上是一位知行合一、文武双全的人物。

辛弃疾是山东济南人。自他出生起,北方地区就已沦陷于金人之手,亲眼所见汉人在金人统治下所受的屈辱与痛苦,这一切使辛弃疾在青少年时代就立下了报国雪耻的志向,培养出一腔侠肝义胆。二十多岁时,辛弃疾加入了山东境内规模最大的义军队伍,向金人的统治发起反抗。

加入义军的第二年,辛弃疾奉命南下与南宋朝廷联络,他拜见了宋高宗,得到了朝廷的认可和嘉许。在辛弃疾完成使命归来的途中,听到了一个晴天霹雳般的消息,义军主帅耿京被叛徒张安国所杀,义军溃散。

震惊过后,辛弃疾并未被这一变故吓倒,反而激起了一腔热血,他环顾随从将士,一个大胆的计策涌上心头。他朗声说道:"主帅待我们不薄,现在他遭叛徒加害,我们如果不能将张安国加以处置，还有什么脸面苟活于世。我决意出其不意，闯入金军营帐之中，活捉张安国。此举如果成功，便可告慰耿帅在天之灵，如果失败，追随他去便是了。你们有愿意随我前往的，我感激不尽。不愿前去的，可以早早另做打算，我也绝对不为难。"所有人听到这一番话，无不慷慨激昂，誓同进退。

事情竟然奇迹般做成了！也许是金军疏于防范，也许是五十人目标太小，总之，等金军反应过来时，辛弃疾率领的骑兵队已经冲入金军主帐，在众目睽睽之下绑走了张安国，并迅速撤离。他们一路向南，

将叛徒带到了南宋，交给南宋皇帝处理。辛弃疾的威名迅速传播开来。

后来，辛弃疾回想起青年时期的这段战斗生活，写下了"马作的卢飞快，弓如霹雳弦惊"（《破阵子·为陈同甫赋壮词以寄之》）的飞扬词句，而且每每以"整顿乾坤"的豪情壮志鼓励一些志同道合的朋友。

由于辛弃疾的表现和声望，宋高宗便任命他为江阴签判，从此他开始了在南宋的仕宦生涯。如此高开的人生，并没有继续向着上扬的方向发展。辛弃疾在南宋任职的前期，写了不少有关抗金北伐的建议，如《美芹十论》《九议》等。尽管这些建议书在当时深受人们称赞，广为传诵，但朝廷却反应冷淡，只先后把他派到江西、湖北、湖南等地担任转运使、安抚使一类地方官职，负责治理荒政、整顿治安。

辛弃疾虽有出色的才干，但他豪迈倔强的性格和执着北伐的热情，却使他难以在官场上立足。四十一岁时，辛弃疾再次任江西安抚使，这时他准备在上饶修建带湖新居，安置家人。辛弃疾将他的庄园取名为"稼轩"，并以此自号"稼轩居士"，做好了归隐的准备。

同年十一月，由于受到弹劾，辛弃疾被罢免官职，恰巧此时带湖新居正好落成，于是他决定回到上饶。此后二十年间，中年辛弃疾的大部分时间都在乡闲居。

晚年的辛弃疾依旧不能忘怀统一大业，公元1188年冬天，好友陈亮来拜访他，两人久别重逢，感慨万端。他们伫立在石桥上，沐浴着雪后初晴的夕阳，纵谈国事，爱国之情澎湃于胸间，两人拔剑斩坐骑，并盟誓要为恢复中原奋斗不止。

辛弃疾在与陈亮别后写的《贺新郎·同父见和再用韵答之》中发出"男儿到死心如铁，看试手，补天裂"的呐喊，正是这种豪情壮志的写照。

辛弃疾去世后，于1275年被宋恭帝追赠为少师，谥号"忠敏"。忠诚奋勉，忠于职事，敏于表达，可谓完人。

辛弃疾的词作现存六百多首，是两宋存词最多的词人。除慷慨激昂的风格之外，还有情感细腻的婉约词，不同读者都可以从中汲取丰富的人生养分。

历史加油站

济南二安

辛弃疾是著名的豪放派词人，有"词中之龙"之称。而李清照是中国历史上著名女词人，是婉约派代表，有"千古第一才女"之称。因为辛弃疾和李清照都是著名词人，又都是济南人，所以两个人被并称为"济南二安"。

17 打虎诗人陆游

这年深秋，已是寒冬，湖北沔（miǎn）阳驿（在今湖北省仙桃市），有位文士打扮的人正与友人开怀畅饮。他推开窗户，看到天降大雪，豪兴大发，连连赋诗几首。之后，又觉得不够尽兴，便邀友人去山中打猎。

旁人听到，劝告他们说，这深山之中常有猛虎出没，附近村子已经有不少人被老虎吃掉了，如果没有猎户引路，不要轻易上山。那文人听了，哈哈大笑，说："不妨事。我们这么多人怕什么。我便要趁此机会，为民除害。"旁人看他那打扮，只当是酒后醉语，摇头不信。

这文人借着酒意，带着随从就此上山。众人边走边寻找，还真的让他们碰上了。一只吊睛白额大老虎趁着初雪天气，从洞穴中出来狩猎。那老虎看到这行人，停滞不前，怒目而视，身体呈攻击状，随时有可能扑上来。走在队伍前面的随从吓得一动不敢动，小腿不由得颤抖起来。

那文人看到这老虎，面如常色，不慌不忙翻身下马，拔出佩剑，径直朝那老虎走去。老虎怒吼一声，声震寰宇，猛地跳了起来，朝来人扑了上来。文人一个闪身，躲过了老虎的攻击，趁势挥剑朝老虎刺去。老虎中招，痛苦无比，更是奋力攻击。文人闪躲，身形移动疾如闪电，拔剑又朝着老虎要害刺了几下。老虎血流如注，抽搐了一会儿，终于不动了。

　　围观的众人发出一阵欢呼声，都兴奋地围了上来。事后，文人写了一首诗记录下来这件事，题为《十月二十六日夜梦行南郑道中既觉恍然揽笔作》，其中就有"奋戈直前虎人立，吼裂苍崖血如注"这样形象生动的句子。而这个文人就是大名鼎鼎的诗人陆游。

　　陆游是越州山阴（今浙江省绍

兴市）人，他生逢乱世，可以说就出生在北宋和南宋的交替之际。公元1125年，陆游出生了，就在这一年的冬天，金兵南下攻宋，很快就攻破了都城汴京，北宋灭亡。所以，陆游从小就立志报效国家，收复中原失地。

要说真正在诗的质和量两方面都表现出色的诗人，非陆游莫属。陆游一生笔耕不辍，诗词文都有很高的成就。陆游活了八十五岁，存诗九千多首。这些诗里绝大多数都是军旅诗，书写金戈铁马、恢复中原的理想抱负。

陆游从小聪慧，参加进士考试，一举拿下了第一名。而那时，著名奸相秦桧的孙子秦埙也来参加考试，结果名次居于陆游之下。秦桧大怒，甚至想要将主考官问罪。第二年，陆游参加礼部考试，秦桧指示主考官不得录取陆游。因为秦桧大权在握，最终陆游名落孙山。幸好只过了一年，秦桧就病逝了，陆游这才正式步入仕途。

陆游进入朝廷后，应诏上策进言，提了不少意见和建议，有些被采纳，有些不但没有被采纳，反而让他还因此被贬官。

公元1161年，陆游获得了一次觐见皇帝的机会，他干了一件震惊朝野的事情。临安城的皇宫内，陆游慷慨激昂地对宋高宗说："陛下，金人欺我太甚。如果答应将国界南移，金人必定会渡过长江南下，到时候，都城不保。请陛下御驾亲征，鼓舞士气，带领将士们讨伐金贼。"

说到激动处，陆游竟然快步走到皇帝龙椅前，跪倒在地，向皇帝叩首请求，眼泪当场洒在龙椅之上。朝堂之上，龙椅处是不可逾越的禁区，陆游竟然跑到皇帝脚边哭泣，这举动令大臣们和皇帝惊愕不已，实在是闻所未闻。"泪溅龙床"之后，陆游被一贬再贬，最终被罢官免职。

公元1171年，王炎在南郑驻军，写信来请陆游到南郑幕府任职，这一年的陆游已经四十六岁，他得到这个消息很高兴，只身一人便出发了。王炎对陆游十分看重，委托陆游起草驱逐金人、收复中原的战略计划，于是陆游作《平戎策》，提出"收复中原务必先取长安，取长安务必先取陇右；积蓄粮食、训练士兵，有力量就进攻，没力量就固守"。

这一年十月，朝廷否决了北伐计划《平戎策》，并调王炎回京，幕府被解散，出师北伐的计划也毁于一旦，陆游顿感无比忧伤，始终不能释怀，后来竟病到卧床不起。

嘉定二年（公元1209年）十二月，陆游与世长辞，享年八十五岁。他在临终之际写下了绝笔诗《示儿》："死去元知万事空，但悲不见九州同。王师北定中原日，家祭无忘告乃翁。"直到这时，陆游心心念念的仍是收复失地、恢复中原的未竟之志。

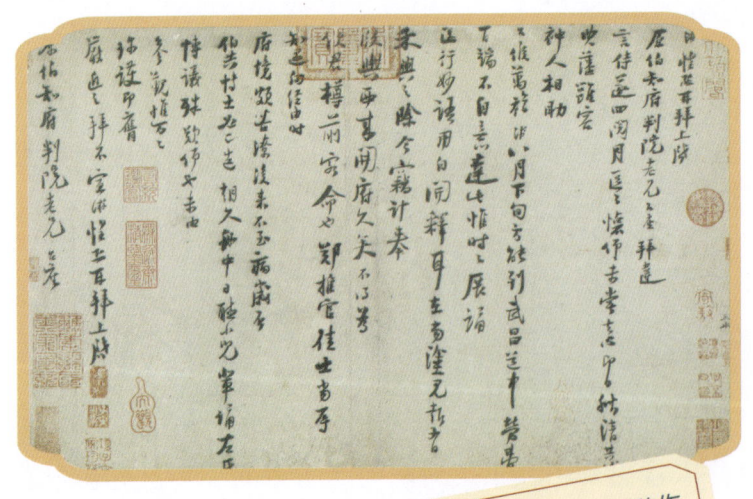

致原伯知府尺牍 陆游作
现藏台北故宫博物院

🛢 历史加油站

陆游编史书

公元1202年，陆游被朝廷召入京城，担任同修国史、实录院同修撰一职，这时的陆游已经七十八岁高龄，也已经罢官十三年了。陆游夜以继日，仅用一年时间，编修完成了两部史书——《两朝实录》和《三朝史》。后来，宋宁宗为了表彰陆游，特擢升他为宝章阁待制，七十九岁的陆游遂以此致仕。

18 朱熹的读书法

一日，书院的一个学生正在摇头晃脑地背书，几遍读下来，还是记不住，而且也不理解书中所说的到底是什么意思。他有些郁闷，跑去求教老师："请问老师，读书有没有什么法门？"

他的老师回答说："万事万物皆有'理'。读书要有三到，谓心到、眼到、口到。心不在此，则眼不看仔细，心眼既不专一，却只一味诵读，根本记不住，就算记住了也记不长久。三到之中，心到最重要。心如果到了，眼和手也就跟着来了。"

学生听了若有所悟，明白老师在提点他读书要专心致志，要心、眼、口三位一体。接着，老师又传授了学生一些读书方法的口诀，即"循序渐进、熟读精思、虚心涵泳、切己体察、着紧用力、居敬持志"。

所谓循序渐进，就是读书要讲究次序，由浅入深、由易入难；所谓熟读精思，就是读书要精读细读，反复揣摩、领悟，不能浮光掠影，只理解表面意思；所谓虚心涵泳，就是要虚怀若谷，反复咀嚼、体会其中意思；所谓切己体察，就是不能读死书，一味在纸上去寻找奥义，要根据自身情况，理论联系实际……以上就是著名的"朱子读书六法"。而这位老师就是大名鼎鼎的宋朝理学大师朱熹。

朱熹一生勤奋好学，为后世留下著作共二十五种，六百余卷，总字数在两千万左右，绝对称得上著作等身。而在朱熹小的时候，他就表现出异于常人的聪明。

让我们来看一看小时候的朱熹是什么样子的。朱熹六岁的时候，和小伙伴们一起在沙洲玩耍。然而，他的小脑瓜里似乎总在思考着什么，手指下意识地在沙地上画了起来。等他画罢，定睛观瞧，竟然画出了一个八卦图，准确精美的程度，让见到的人都感到惊奇。

还是在朱熹六岁的时候，他的父亲朱松指着天空，告诉朱熹："这是太阳。"朱熹问："太阳挂在天上，却不会掉下来，它是固定在什么地方呢？"朱松回答说："可能是固定在天上吧。"朱熹又追问道："那天又是固定在什么地方的呢？"一席话把朱松问住了，朱松惊讶不已。

像包拯额头有月牙形标记一样，朱熹的相貌也不同寻常，他出生时右眼角长有七颗黑痣，排列如北斗，从他的自画像上也能很明显地看到这一标记，更加彰显了朱熹的不同寻常。

朱熹不仅聪明过人，想象力强，还非常孝顺。朱熹五岁时就能读懂《孝经》，他在书上题字自勉："若不如此，便不成人。"他不但这样立志，实际上也是这么做的。母亲去世后，朱熹在母亲墓旁建寒泉精舍，他一边为母亲守墓，一边研究学问、著书立说，开始了长达六年的寒泉著述时期。

　　朱熹自幼受教于父，父亲朱松在朱熹十三岁时病逝，临终前把朱熹托付给好友刘子羽（朱熹义父），又写信请刘子翚（huī）、刘勉之、胡宪等三位学养深厚的朋友替自己继续教育朱熹。刘子羽把朱熹当作自己的儿子一样爱护，在他的住处旁边新盖了一处房屋安置朱熹一家。公元1148年春天，刘勉之还将自己的女儿许配给朱熹。也是

在这一年三月，朱熹参加科举考试，被赐同进士出身，开启了他的仕途。

公元1153年夏天，朱熹到同安县任职，途中向李侗（dòng）请教学问，李侗是北宋理学的奠基者、大名鼎鼎的程颢和程颐的三传弟子。五年后，朱熹在同安县的任职期满，打算重新踏上求师之路，决心拜李侗为师，继承和发扬二程"洛学"的正统。这为他后来发展出自己的理论学说奠定了基础。

朱熹是理学大师，那么什么是"理"呢？在朱熹眼里，"理"就是规律，天理是大自然的根本规律。朱熹认为，一个人只要能完全认识理，他的一举一动就自然能符合伦理道德，这样的人就是圣人。而要认识事物的理，就要"格物致知"，"格物"指的是穷究事物之理，"致知"指的是穷究事物之理后获得知识。

朱熹刻苦学习钻研，通过对"格物致知"的阐释，逐渐确立了自己的认知论思想。五十二岁时，朱熹将《大学章句》《中庸章句》《论语集注》《孟子集注》四书合刊称为《四书章句集注》，经学史上的"四书"之名第一次出现在世人面前。之后，朱熹呕心沥血修改《四书章句集注》，直到临终前一天还在修改《大学章句》。

朱熹的理学思想对元、明、清三朝影响很大，成为三朝的官方哲学，是中国教育史上继孔子后的又一人，他的《四书章句集注》也成为科举考试的官方教材。

后来，朱熹成为唯一一个非孔子亲传弟子而能在孔庙中和孔子一起接受后代祭祀的理学大家。

七彩光晕兔毫盏
现藏费城艺术博物馆

🍂 历史加油站

程门立雪

程颢和程颐兄弟二人是北宋的理学家、教育学家，宋明理学的奠基者。杨时精通史学，年轻时就考中了进士，但是为了继续求学，他放弃了做官的机会，奔赴河南拜二程为师，钻研学问。

有一天，杨时和游酢前来拜见程颐，在窗外看到老师在屋里打坐。他俩不忍心惊扰老师，就静静地站在门外等他醒来。可天却突然下起了鹅毛大雪，等程颐醒来后，门外的积雪已有一尺厚了。这时，杨时和游酢才踏着积雪走进去。

后来杨时成为天下闻名的大学者，这件事也被作为尊师重道的佳话，广为流传，由此演变成为成语"程门立雪"。

19 奸相的温床

宋朝三百多年间，对上不忠于君主，对下玩弄权术、祸国殃民且官至宰相的奸臣层出不穷，为历代之最，如果评选中国历史上的十大奸相，宋朝入选的人数应该是最多的，蔡京、秦桧都能上榜。

蔡京擅长书法、绘画，是北宋末年有名的书画家，与宋徽宗志趣相同。他升任左相后，标榜自己是王安石改革变法的继承者，将自己一系列毁坏国家、残害人民的举措统统冠以新法的名目。

蔡京父子怂恿宋徽宗尽情享乐，对宋徽宗说："人主当以四海为家，太平为娱，岁月能几何，岂可徒自劳苦。"他们诱导宋徽宗铸造象征九州的九鼎，又建九成宫用来安放九鼎，接着修造规模宏大的"明堂"作为举行大典的会堂，修建"方泽"作为祭地的场所，大肆挥霍钱财，劳民伤财。

当时，宋朝百姓把蔡京、童贯、王黼（fǔ）、梁师成、朱勔、李彦称为祸国殃民的"六贼"，蔡京居六贼之首。他们相互勾结，形成利益集团，打击异己、搜刮民财，导致百姓民怨沸腾。当时流行的一首歌谣是这样唱的："打破筒（童贯），泼了菜（蔡京），便是人间好世界。"

秦桧在早期属于主战派，是抗金的主要支持者，后来靖康之变中，秦桧和宋徽宗、宋钦宗一起被金军俘虏。到达北方后，其他大臣都守节不屈，唯独秦桧屈服于威逼利诱，见风转舵，

竟然得到了金国朝廷的信任。

后来，秦桧借机逃回了南宋，之后改变策略，一心求和。据秦桧自称，他是杀了金兵逃回南宋的。而有些人则认为，他投降变节，是作为金军的奸细被派到南宋的，否则在战乱不休的情况下，秦桧不可能带着妻儿和众多财物顺利逃脱南下。

秦桧来到都城临安，一见到宋高宗赵构，就迫不及待地提出应该立即与金人讲和，实行"南自南，北自北"的政策。同样被金军吓破了胆的赵构听后非常认同，立即将秦桧任命为礼部尚书。因为秦桧建议的，正是他内心一直所想却不敢表达的。在一片主战声中，赵构终于听到了他最想听到的声音：议和停战。

公元1135年，在靖康之变中，被金人掳走的宋徽宗死在了五国城（今黑龙江省依兰县境内），这个消息过了两年才传到临安城。父亲宋徽宗虽然死了，但哥哥宋钦宗还没死，他才是正统的皇帝，宋高宗内心依旧忐忑不安。

赵构的皇位得来的非常意外，靖康之变时许多皇室成员都被掳走，情势所逼之下，赵构被迫即位。所以，当上皇帝之后，赵构内心最不愿意听到的就是主战派们"还我山河、迎回二圣"的北伐主张。现在父亲宋徽宗虽死，但如果哥哥宋钦宗哪天突然回来，那他赵构又将置身何处呢？

秦桧准确地把握住了宋高宗的这份小心思，一直与主战派为敌，迫害岳飞、韩世忠等主战的抗金名将，他甘愿做宋高宗的那枚棋子，做皇帝想做而不能做的事。秦桧第二次当上宰相后，排挤了其他政治对手，以"独相"的身份，荼毒南宋政坛整整十八年的时间。

秦桧最为后人所诟病的，就是他以"莫须有"的罪名陷害了抗金名将岳飞。关于岳飞是谁杀害的问题，史学界有两种不同的说法：一种认为是宋高宗赵构；另一种则认为是秦桧假传圣旨杀害了岳飞。无论过程如何，岳飞最终死在了秦桧手中是毋庸置疑的。

人们世世代代纪念尽忠报国的英雄岳飞时，也世世代代唾骂着奸臣秦桧。元代时，人们在秦桧墓前便溺，谓之"遗臭冢"，有诗曰"太师坟上土，遗臭遍天涯"；明代时，有人在岳飞墓前种桧树，一劈为二，名曰"分尸桧"；清朝秦涧泉到西湖岳飞墓前，自称"人从宋后少名桧，我到坟前愧姓秦"……在中国文化里，秦桧已经被牢牢地贴上了大奸臣的标签。

类似蔡京、秦桧这样的权臣，在宋朝层出不穷。在很大程度上，这与宋朝重文轻武，皇帝贪图安逸、保和求稳有很大的关系。腐败的朝廷和懦弱的皇帝，是滋生奸相的温床。

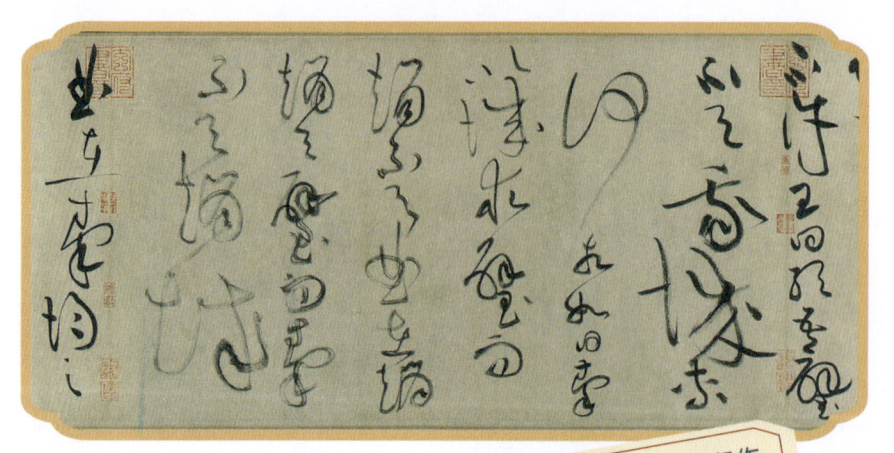

廉颇蔺相如列传 黄庭坚作
现藏美国大都会艺术博物馆

🞄 历史加油站

宋四家

宋四家是指中国北宋时期艺术成就最高的书法家们的合称，分别是苏轼、黄庭坚、米芾和蔡襄。四位书法家的风格不一，但都各放异彩。

明清时期还有一种说法，宋四家中的"蔡"原本是蔡京而非蔡襄，但由于蔡京是宋朝奸臣"六贼"之一，为后人所不齿，所以用蔡襄取而代之。

20 蒙古灭金

公元 1232 年，南宋统治者面临一个艰难的抉择：是否联合蒙古攻打金国，将国力已大不如前的金国从历史长河中彻底清除出去。回顾过去，金国已经与宋朝对峙一百余年，恩恩怨怨一言难尽。

金国由女真族建立，统治区域覆盖中国北方和东北地区，西与西夏、蒙古等接壤，南与南宋对峙。女真族原来是在辽朝统治下的弱小民族，但女真人向来以能征善战著称于世。女真族的首领完颜阿骨打率领数千人起义，领导了对辽朝的反抗斗争。女真族只用了几年时间就消灭了辽国。随后，金南下攻宋，长期的入侵成为宋朝统治者的噩梦，宋朝百姓也在持续不断的战争中惨遭蹂躏。

蒙古的崛起与女真有相似之处，也是从弱小民族迅速成长壮大起来的。蒙古部孛儿只斤家族的铁木真用了十余年的时间，先后征服了蒙古诸部，统一了整个漠北地区。公元 1206 年，铁木真正式登基成为大蒙古国皇帝，被称为"成吉思汗"，开始四处征讨掠夺。但即便如此，在成吉思汗率军初次南下攻金时，金国人口已经发展到近五千万，比当时的蒙古多了四十余倍；军队也在百万以上，比蒙古多出十倍。

转机出现在金卫绍王完颜永济即位之后。成吉思汗听说是碌碌无为的完颜永济继承了帝位，便不屑地说："我以前以为中原皇帝是天上人做的，怎么连这种庸碌之辈也能当呢？"但成吉思汗并没有急于求成，立马攻打金国，而是足足做了五年的战争准备。

成吉思汗选择先攻打西夏以拆散金夏同盟，避免在伐金时被西夏牵制。当时，西夏受困向金国求援，金帝完颜永济坐视不管，还说敌人之间相互攻打是好事。最后，西夏迫于无奈向蒙古臣服，并且调转矛头依附蒙古攻打金国。此后的十多年中，夏金一直互相报复，两国关系日益恶化。

消除后顾之忧后，成吉思汗于公元1210年与金国断交，隔年便发动了蒙金战争。金军主力盲目出击寻找蒙军主力决战，结果接连在野狐岭、会河堡两次会战中败北，金军主力损失惨重，精锐尽失。为避蒙军锋芒，金国举朝南迁，将北方大片土地拱手让给了蒙古人。南迁之后，金国大量增兵固守潼关、黄河防线，凭借着天险，暂时遏制住了蒙古大军的侵袭。

这个时候，成吉思汗做出了一个令人诧异的决定，他留下少量兵力跟金军对峙，自己率领蒙军主力，掉转马头去征服西方了。成吉思汗带领强悍的蒙古铁骑向西长驱直入，跑了几千公里，摧毁了中亚强国花剌（là）子模，还在前往花剌子模的途中，顺手消灭了西辽帝国。从西方得胜归来后，蒙军继续将主力投入对金的战斗中。

金军一方面疲于应战，另一方面由于南迁，金国的控制区域大幅缩水，粮食产地减少，军需供应不足，财政几近崩溃。

这时的南宋朝廷是什么态度呢？南宋的两派正在争执不休：一派认为蒙古已然崛起，应该摒弃仇恨，联合金国。虽然金过去是宋的仇敌，现在却可以成为南宋抵挡蒙古的屏障，为了避免唇亡齿寒，应该继续向金国纳贡，支持金国抗击蒙古。假设蒙古灭掉金国，将与宋为邻，对宋不是一件好事。另一派

认为此时的金国已经虚弱得不成样子了，宋金两国本就有着不共戴天之仇，想要以金国为屏障抵御蒙古，那是靠不住的。南宋应该自强，并且断绝对金国的岁币供给，趁机改变长期被金欺辱的处境。

世仇在先，南宋皇帝迫于朝堂压力，就断了对金的岁币。接着，金宣宗开始了他的"作死"之旅。如果此时的金国肯放低身价，与南宋重新签订和平条约，南宋必然能够通过别的形式支持金国抵抗蒙古。因为，虽然在南宋有两种不同的声音，但他们都没有选择联合蒙古。

然而，当金国收到南宋断绝岁币的国书之后，金宣宗勃然大怒。金国的主战派认为蒙古国强大，一时打不过，但攻打南宋还不是手到擒来？于是，金国决定攻打南宋来补充南迁损失的土地、财富——"失之于北，取之于南"。就这样，金宋展开了长达七年之久的战争。

宋蒙之间的关系一直若即若离，有过交往较为频繁的时期，也有过淡然处之的时期，还偶尔产生过地区性冲突。但金国的傲慢最终葬送了自己，到了公元1232年，几经峰回路转，南宋朝廷不得不走上了联蒙灭金的道路。

公元1234年正月，宋蒙联军攻破了金国最后的据点蔡州城，金哀宗完颜守绪匆忙传位后自缢身亡，金末帝完颜承麟亦在乱军中被杀死，金朝灭亡。

彩绘木雕观音坐像
现藏波士顿美术博物馆

🛢 历史加油站

花剌子模

　　花剌子模位于中亚西部,在今乌兹别克斯坦及土库曼斯坦两国的土地上,公元1231年被蒙古帝国灭亡。

　　成吉思汗曾经派使节到花剌子模王国商量通商贸易协定。使臣与商队四百五十人,携带着大批金银珠宝与商品前往通商。商队到达花剌子模境内后,当地的总督见财起意,诬陷商队为蒙古间谍,成员全部被屠杀。成吉思汗为了集中全力攻金,避免中断贸易,争取和平解决,就派出了使臣谈判,要求交出凶手,结果正使被杀害,副使被剃光胡须并押送出境。成吉思汗大怒,就把攻金战事交付给大将木华黎,亲自前往中亚征讨花剌子模。历时五年,消灭收编四十万军队,夺取了花剌子模大片土地。

21 襄阳之战

南宋联合蒙古灭金之后，靖康之耻终于得以洗雪，南宋朝野被压抑了百余年的精神总算为之一振。南宋想趁蒙古军北撤之机，派兵北上收复原北宋西京、东京、南京，但被蒙古军击败。蒙古以宋背盟为借口，遣军分两路大举攻宋。

在征战中，蒙古可汗窝阔台、蒙哥相继殒命，忽必烈继位。忽必烈开始着手整顿军队，督造战船，组训水军，积极进行灭宋准备。忽必烈总结了窝阔台及蒙哥攻宋的得失，制定了先取襄阳、樊城（今均属湖北省），实施中间突破，然后沿汉江入长江、直取都城临安的灭宋方略，从而开始了攻打南宋的战争。

这一次，压力集中到了襄阳城。

襄阳历来是兵家必争之地，因其在地理位置上的重要性和易守难攻著称。历史上各方势力对襄阳的争夺激烈到什么程度呢？根据史料记载，这个城市至少发生过一百七十二次有名的战役。

襄阳、樊城地处南阳盆地南端，三面环水，一面傍山，是

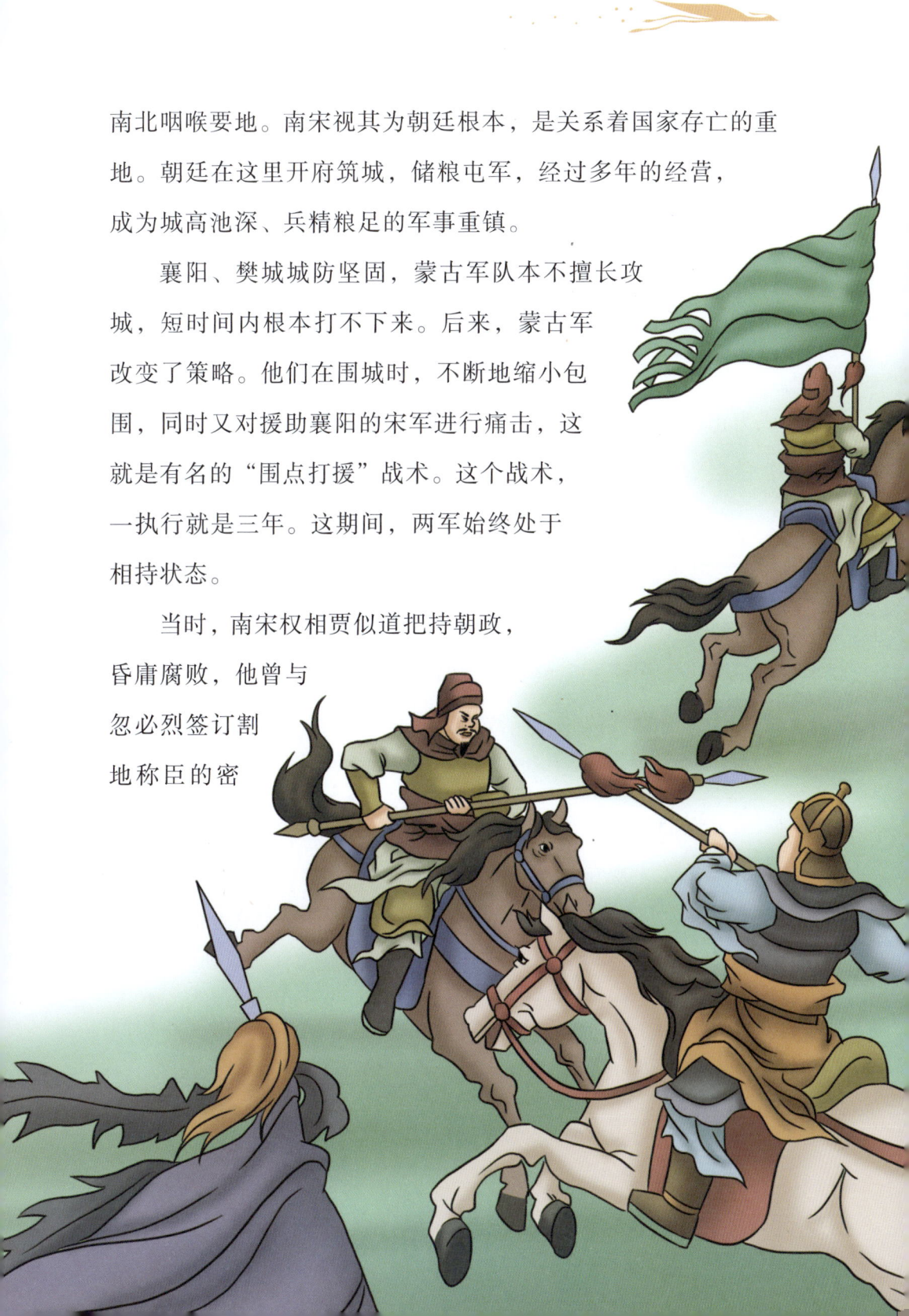

南北咽喉要地。南宋视其为朝廷根本，是关系着国家存亡的重地。朝廷在这里开府筑城，储粮屯军，经过多年的经营，成为城高池深、兵精粮足的军事重镇。

襄阳、樊城城防坚固，蒙古军队本不擅长攻城，短时间内根本打不下来。后来，蒙古军改变了策略。他们在围城时，不断地缩小包围，同时又对援助襄阳的宋军进行痛击，这就是有名的"围点打援"战术。这个战术，一执行就是三年。这期间，两军始终处于相持状态。

当时，南宋权相贾似道把持朝政，昏庸腐败，他曾与忽必烈签订割地称臣的密约，故而不派得力将领率兵增援。在蒙古军严密包围下，宋军七次援襄、樊均被击败，守城军多次出击都未胜。

贾似道甚至一直对宋度宗隐瞒襄阳危急的真相。有一天，宋度宗问贾似道："襄阳之围已经三年了，目前是什么情况？"贾似道竟说："蒙古军已经退去了。"

公元1271年，蒙古改国号为元，以表明元王朝取代宋朝成为正统。随后，忽必烈更加紧了对南宋的进攻，襄、樊两城告急。

公元1272年，襄阳被围困的第五年，城内物资奇缺，眼看就要弹尽粮绝，军心浮动。

在襄阳城外西北有一条叫"青泥河"的河流，与汉江相连。这一日，青泥河上出现了数百艘船只，船上站满了人，各个孔武有力，身形健硕，皮肤黝黑，眼神坚毅，一看便是长期在江边生活的好男儿。

人群静默，突然有人高声发言："此去，有可能一死，如果有谁怕死，现在请自行离开。"

很快，有人回答："大丈夫岂能贪生怕死？国家危难，我等岂能置身事外。大不了一死，报效国家。"

"我们不怕死！""我们不怕死！"人群中发出阵阵相同的回应声，个个视死如归。

这三千名勇士，是朝廷在当地招募来的死士，此行目的是为了给襄阳城运送粮草物资。队伍的首领是张顺、张贵兄弟二人。张顺、张贵先将船只秘密集中，隐蔽于河口。深夜，这支队伍乘着夜色出发，与蒙军展开了激烈战斗。

张顺兄弟把战船连成方阵，每只船都安装了火枪、火炮，准备用强弓劲弩突破蒙古军队重围。蒙军没料到宋军居然还有勇气救援襄、樊，被打了个措手不及。一场血腥惨烈的激战后，张顺战死，张贵率部突入襄阳城，给久困城中的宋军带来了极大的鼓舞。

九月，张贵潜出襄阳，率军接应前来驰援的宋军。因机密泄露，张贵军遭到蒙军截击，陷入重围，奋战不敌，全军覆没，张贵被擒后遇害。襄阳城内军民得知消息后，无不为之垂泪。此后，襄阳、樊城外援断绝。

公元1273年，蒙军兵分多路，水陆夹攻樊城，对樊城展开最后攻势。忽必烈从西域调来炮匠，制作威力大、射程远的回回炮。蒙军用回回炮摧毁樊城角楼，打开缺口，攻入城内。樊城陷落，襄阳如齿失唇。蒙军在加紧围攻襄阳的同时，屡次喊话招降。主将吕文焕见突围无望，迫于蒙军压力，以不屠杀城内百姓为条件，举旗投降。

蒙军突破襄、樊，南宋朝野大为震动，自此南宋门户大开，战事节节失利，一发不可收。

六年后，南宋灭亡。

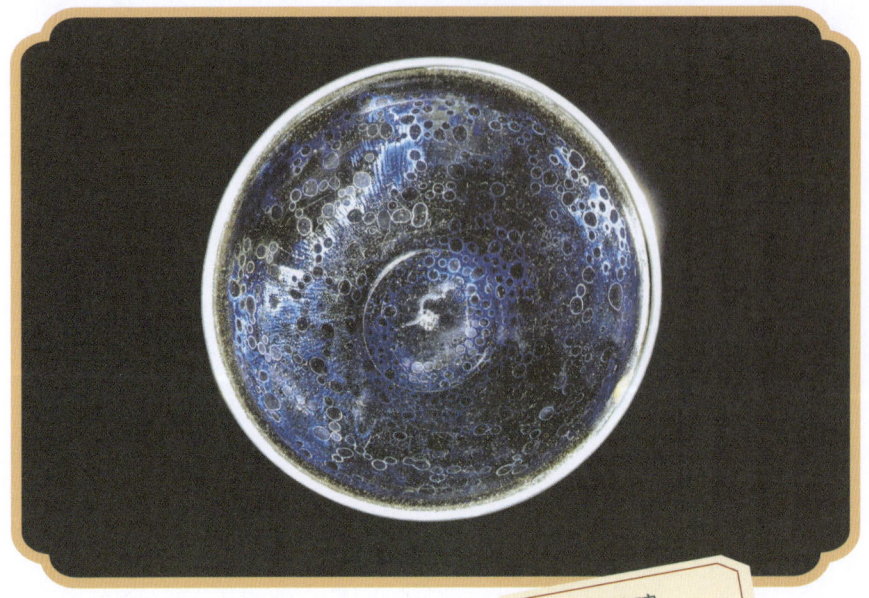

曜变天目茶碗
现藏日本藤田美术馆

🛢 历史加油站

回回炮

　　回回炮是一种大型的投石机，南宋时随蒙古传入。长期以来，中国的抛石机一直采用比较原始的人力拽索抛石方式。直到公元1273年的襄樊之战，蒙古以回回炮攻破南宋苦守六年的城池后，这种配重式技术才为中国人所知。又因为回回炮是在襄樊之战中被世人所知的，也被称为襄阳炮。

22 抗元忠烈文天祥

"惶恐滩头说惶恐，零丁洋里叹零丁。"这是文天祥《过零丁洋》中的诗句。公元1278年底，文天祥率军在广东五坡岭与元军激战，兵败被俘，后被囚禁船上时曾经路过零丁洋。

文天祥深谙诗文的起承转合，然而在关乎人生道路的选择上，他既不愿转向，也不肯合作。即便强大如元世祖忽必烈，能撼动世界，也无法撼动文天祥的决心和意志。

文天祥原名文云孙，他拥有着传奇的一生，二十一岁时参加进士考试，被宋理宗钦点为状元，改名文天祥，改字为宋瑞。文天祥进入官场后，由于讥讽权相贾似道，仕途起伏不定，于是他在三十七岁时请求辞职，过起了优游自在的生活。

前宰相江万里平素就对文天祥的志向、气节感到惊奇，有一次，七十五岁的江万里见到文天祥，同他谈论国事时，说："我老了，综观天时人事应当有变化，我见过的人很多，能担当起治理国家责任的人，应该就是你。望你努力。"

公元1275年，蒙古军长驱直入，抵达临安城下，南宋朝廷征召军队护卫都城。文天祥变卖全部家产，充作粮饷军费，仅用几天时间便召集了三万人，成为南宋王朝最后的中流砥柱。

　　文天祥的朋友劝他说："元兵猛如虎，你以'乌合之众'赴京护卫，这与驱赶群羊同猛虎相斗并无差别。"文天祥答道："我也知道是这么回事。但国家养育臣民三百多年，一旦有危急，征集天下的兵丁，如果没有一人一骑入京护卫，我为此深感遗憾。所以不自量力，而想到要以身

殉国，但愿天下有听到消息就立刻行动的忠臣义士。依靠仁义取胜就能自立，依靠人多就能促成事业成功，如果按此而行，那么国家就有保障了。"

宋军接连吃了几个败仗，蒙古军统帅伯颜兵分三路直取临安，南宋决定议和。文天祥被任命为右丞相兼枢密使，前往伯颜军营议和，趁机刺探军情。在谈判过程中，文天祥据理力争，怒骂伯颜，但与此同时，南宋朝廷却派人前往文天祥军营，宣布解散军队。伯颜听说文天祥的军队被解散，立马扣留了文天祥，并把他押送北京。在途经镇江时，文天祥被当地义士救援逃脱。

之后，文天祥由淮南来到福州，继续进行抗元斗争。文天祥率军先后和元军在福建、江西、广东展开血战，但由于力量对比太过悬殊，最终兵败被俘。

文天祥被俘的第二年，南宋经过崖山海战后彻底败亡。

文天祥被关在北京，囚禁了四年。此时，发生了匪夷所思的一幕，元世祖忽必烈钦佩文天祥的忠义，竟让投降的南宋小皇帝来劝降。皇帝劝降臣子，荒诞派小说家也写不出来的情节就这样发生了。面对小皇帝，文天祥究竟生出了怎样的感慨，我们不得而知，我们知道的是，他拒绝了。后来，忽必烈召见文天祥，亲自劝降。文天祥坚贞不屈，答："除了死，什么也别说了。"

公元1283年寒冬，文天祥被押赴刑场。临行前，文天祥对狱中吏卒说："我的事完成了。"随后他向着南宋的都城临安方向行礼跪拜，从容就义，终年四十七岁。

行刑后不久，又有制止赐死他的诏书来了，然而文天祥已死。忽必烈得知结果，惋惜道："好男儿，虽然不能为我所用，但杀了也实在可惜啊！"

据史料记载，文天祥相貌堂堂，身材魁伟，皮肤白皙如玉，眉清目秀，双目炯炯有神。在孩提时，他看见学宫中所祭祀的乡贤欧阳修、杨邦乂（yì）、胡铨的画像旁所书谥号都有"忠"字，便为此高兴，羡慕不已。他说："如果不能成为他们中的一员，就不是真正的男子汉。"后来，明代宗赐文天祥谥号为"忠烈"，取"临患不忘国曰'忠'，秉德遵业曰'烈'"的含义。

"惶恐滩头说惶恐，零丁洋里叹零丁。"这两句诗后面，是更为世人熟知，掷地作金石声的两句："人生自古谁无死，留取丹心照汗青。"

学者陈卫平说得好："宋朝的读书人，没有使国家完美，不过在王朝结束时，尚有完美的演出。"

《上宏斋帖》（局部）文天祥书
现藏故宫博物院

🟡 历史加油站

宋末三杰

南宋末年，朝廷中带领军民抗击元朝入侵的三位领袖：张世杰、陆秀夫与文天祥，被后人称为"宋末三杰"。其中，张世杰是宋末抗元名将，先后拥立南宋二帝，誓不降元，最终兵败崖山海战，因飓风毁船，溺死在平章山下。陆秀夫是南宋左丞相，兵败崖山海战，最后怀揣玉玺，背着年幼的皇帝壮烈投海，终年四十四岁。

全国总经销

捧读文化
触及身心的阅读

出 品 人　张进步　程　碧

责任编辑　王云弟　张紫薇
特约编辑　方黎明　张浩淼
内文排版　刘兆芹　张晓冉
内文插画　张　宇
封面设计　陈旭麟 @AllenChan_cxl